Deutschtum und Judentum

mit grundlegenden Betrachtungen über
Staat und Internationalismus

von

Prof. Hermann Cohen

Geh. Regierungsrat

Verlag von Alfred Töpelmann in Gießen
1915

Von deutscher Zukunft

1. Stück

Ausgegeben am 22. Juli 1915

In memoriam
Dr. Leo Neumark

Von deutscher Zukunft.

Der Verleger hat weder den Ehrgeiz, die Daseinsberechtigung dieser neuen Sammlung, die er zwischen Krieg und Frieden ausgehen läßt, durch ein paar programmatische Sätze zu erweisen, noch die Leser dieses 1. Stücks durch die Aufzählung einer langen Reihe andrer Beiträge, die etwa schon fest in Aussicht stehen oder für später mehr oder weniger gewiß zu erwarten seien, anzulocken. Er gemahnt einfach an die Not der Zeit und verspricht nichts weiter, als daß in diesen Heften nur zu Worte kommen soll, wer den Lebensnotwendigkeiten der deutschen Zukunft zu dienen beflissen ist. — Der sei hier zur Mitarbeit geladen.

Im Juli 1915.   Alfred Töpelmann.

Inhalts-Verzeichnis.

Von demselben Verfasser
erschien vor kurzem in zweiter und dritter Auflage ein Vortrag:

Über das Eigentümliche des deutschen Geistes

(Philosophische Vorträge der Kantgesellschaft Nr. 8)

Die Vergleichung von Volksgeistern bringt die Gefahr mit sich, daß das Eigentümliche eines jeden derselben bei der Vergleichung nicht in voller Genauigkeit und Bestimmtheit zur Ermittlung kommen könnte. Diese Gefahr aber wird geringer, wenn die zu vergleichenden Volksgeister mit einem dritten Volksgeiste eine innerliche Verbindung eingegangen sind, und zwar nicht nur einmal, sondern wiederholentlich.

1. Dieses Dritte der Vergleichung bildet hier das Griechentum, mit dem Judentum, wie Deutschtum, sich schöpferisch verbunden haben, so daß beider Eigentümlichkeiten in dieser Verbindung zu neuer Kraft und Ausprägung kamen.

Das Exil in Persien hatte dem Judentum einen neuen Aufschwung gebracht. Das neue freiwillige Exil in Alexandria hat Israel in die Weltmission gehoben, aber seine Eigentümlichkeit dürfte es nur in dieser Rücksicht auf die Weltmission gefördert haben, nicht aber in seinen eigenen Grundvesten und Grundkräften. Indessen ging aus der Selbstverwandlung, die der Alexandrinische Jude Philo an seinem Judentum vollzog, die Vorbereitung zum Christentum vor sich. Der Logos, der neue göttliche Geist, der neue „heilige Geist" bildet die Vermittlung.

Gott selbst soll nicht mehr die Einwirkung auf die Menschen und die Welt zustehen, sondern einem Mittler soll sie übertragen werden. In diesem Gedanken des Mittlers zwischen Gott und Mensch, zwischen Gott und Welt liegt der Ursprung des Christentums: mithin im griechischen Logos. Denn Philo war nicht Jude, insofern er diesen Gedanken des Logos erdachte, sondern vielmehr ein Anhänger Platons, ein Mitglied, ein Führer jener Bewegung unter den alexandrinischen Juden, die ihr Judentum mit dem Griechentum zu versöhnen suchten. Dahin drängte ihr ganzes soziales Leben, besonders ihr Kunstsinn, und so kam es endlich zur philosophischen Begründung ihrer religiösen Gesinnung. Ohne den Logos aber ist das Christentum nicht zu denken. Und so ist das Griechentum auch eine Grundquelle des Christentums. Damit aber bereitet sich das Griechentum nicht minder auch als eine Grundquelle des Deutschtums vor.

2. Andererseits bleibt das Judentum die Hauptquelle des Christentums. Wie könnte es da wundernehmen, daß es auch für das Deutschtum eine solche werden muß. Und es liegt im Wesen einer historischen Grundkraft, daß sie nicht erschöpft und nicht verbraucht werden kann, sondern im stetigen Laufe der nationalen Geschichte immer wieder ihre natürliche Quellkraft lebendig werden läßt. So dürfte es sich denn auch mit dem durch das Christentum vermittelten Verhältnis zwischen Deutschtum und Judentum vielleicht mehrmals an i n n e r e n W e n d e p u n k t e n i n d e r G e s c h i c h t e d e s d e u t s c h e n G e i s t e s ereignen.

3. Gewinnen wir zuvörderst einen Überblick über diese beiden Volksgeister, und zunächst über das D e u t s c h t u m. Wir dürfen uns dabei nicht beruhigen, daß äußere politische, soziale, selbst sittliche Eigenschaften die Eigenart eines originalen Nationalgeistes im letzten Grunde auszudrücken vermöchten. Das z u g ä n g l i c h e K r i t e r i u m zur genauen, und erst recht konkreten Bestimmung eines Nationalgeistes liegt einzig und allein in den tiefsten Tiefen des Geistes selbst. Und wenn es richtig ist, daß die W i s s e n s c h a f t nach dem Muster der M a t h e m a t i k in der allgemein menschlichen Uniform einherschreitet, so bleiben eben nur R e l i g i o n, K u n s t und endlich die P h i l o s o p h i e übrig, die überall unter den Menschen e b e n s o g l e i c h, a l s v e r s c h i e d e n sich entwickeln und ausprägen. In diesen d r e i Momenten der nationalen Kultur werden wir daher die Eigentümlichkeit des Deutschtums zunächst zu ermitteln haben, um sodann das Verhältnis, welches auf Grund dieser drei Motive zwischen ihm und dem Judentum bestehen möchte, in Einwirkung und Wechselwirkung zur Erkenntnis zu bringen.

4. Beginnen wir mit dem wissenschaftlich faßbarsten Motiv, mit der Philosophie. D i e d e u t s c h e P h i l o s o p h i e i s t I d e a l i s m u s. Was bedeutet aber der Idealismus? Es ist unrichtig, den Idealismus schlechthin zu denken als die Lehre von I d e e n, wenn man die Ideen nur im Gegensatze denkt zu den E m p f i n d u n g e n, auf denen der S e n s u a l i s m u s und der M a t e r i a l i s m u s sich aufbauen. Die Idee hat nicht nur diese negative Bedeutung, keine Empfindung zu sein; es muß ihr positiver Sinn erkannt und genau bestimmt werden. Mit dieser unzweideutigen Klarheit hat der Urheber der Idee, hat P l a t o n selbst freilich seine Idee nicht ausgerüstet — aber an der lehrhaften Deutlichkeit und an dem entscheidenden methodischen Ausdruck hat es schon Platon für die gereifte Fassungskraft nicht fehlen lassen. Da aber die Welt zu allen Zeiten sich mehr an diejenigen Worte hält, welche das Problem mystisch verdunkeln, als an diejenigen, welche

6

die Lichtung und Lösung in sich bergen, so ist es auch hier geschehen. Alle Ausdrücke, welche Platon gebraucht, um in der Idee das ganze weite Problem des Seins zu bezeichnen, wie die der Substanz, des ewig Seienden, des Unveränderlichen, sie sind als Bedeutung der Idee allezeit bekannt und allgemein angenommen. Auch der in der Idee, der Wurzel des Wortes nach, enthaltene Ausdruck des Schauens ist als der zutreffende Terminus für die Idee stets und bei allen Erneuerungen des Platonismus, im Neuplatonismus und in der italienischen Renaissance angesprochen worden; wie man denn auch heutigen Tages wieder einen Idealismus auf die Intuition begründen zu können vermeint. Dahingegen hat die allgemeine Ansicht weder in der Philosophie selbst, noch gar in der allgemeinen Literatur von demjenigen Begriffe Kenntnis genommen, mit welchem Platon nach seinem eigenen Ausdruck als „Methode" die Ideenlehre bestimmt und begründet. Dieser Begriff ist die Hypothesis.

Mit diesem Begriffe hat Kepler seine Astronomie und seine Mechanik geschaffen. Auf sie hat er sich berufen. Und das deutsche Denken hat in Kepler den echten wissenschaftlichen Idealismus, den der Idee, als Hypothesis, zur wissenschaftlichen Wirkung gebracht.

Welche Bedeutung hat es denn nun aber für die Charakteristik des deutschen Geistes, ob die Idee nur als das Sein oder als die Hypothese erkannt wird?

5. Wir wissen heute aus unserer physikalischen Schulbildung, daß das Sein überhaupt nur als Hypothese das wahrhafte Objekt der Forschung ist. Wer die Materie noch nicht als Hypothese zu denken vermag, der wird zu diesem Gedanken bei dem Äther gezwungen. Und die neueste Forschung greift sogar über den Äther hinaus, um das Sein für die Probleme der Bewegung zu bestätigen. Der methodische Sinn dieses Anfangs mit der Hypothese wird daher einleuchtend. Das Sein wird nicht in einer unmittelbaren Gegebenheit angenommen, wie der Sensualismus von diesem Vorurteil ausgeht, sondern es wird als ein allgemeiner Vorwurf, als eine Aufgabe gedacht, welche durch die wissenschaftliche Behandlung zu lösen und zu beweisen sei. Die Idee, als Hypothese gedacht, ist mithin keineswegs die Lösung der Aufgabe, sondern vielmehr nur die genaue Bestimmung der Aufgabe selbst. Sie ist daher auch nicht etwa von vornherein und an sich selbst wahr, geschweige die letzte Wahrheit überhaupt, sondern sie hat die Probe ihrer Wahrheit zu bestehen, und nur diese Probe entscheidet über ihre Wahrheit.

Platon hat daher mit noch einem anderen Ausdruck diese Methode der Idee bezeichnet, nämlich als Rechenschaftsablegung (λόγον διδόναι).

So wenig also ist die Idee ('Idéα) identisch mit dem Begriffe (εἶδος = λόγος), daß der Begriff (λόγος) selbst erst durch sie und ihre Rechenschaftlegung bewährt wird.

Man begreift nun wohl, welche Tiefe für die Gewissenhaftigkeit des wissenschaftlichen Denkens durch diese urkundlich echte Bedeutung des Idealismus ausgegraben und festgelegt wird. Nicht die Eingebung, nicht die Erleuchtung, nicht die geniale Überschau des glücklichen Momentes, und was alles die Intuition bedeuten soll, enthüllen die Wahrheit und das Sein, sondern Versuch, Entwurf, Vorannahme, Voraussetzung sind aller Wissenschaft Anfang. Und dieser Anfang ist nichtsdestoweniger das echte Fundament aller Forschung, und nichtsdestoweniger die sichere Grundlage, die dem menschlichen Geiste überhaupt gegeben ist, und der er in keiner echten Arbeit des Wissens sich entschlagen kann. Die Probe machen, das ist alles Beweisen. Mit dieser Einsicht muß man beginnen: daß man von Axiomen ausgeht, die man selbst erdacht und der Forschung zu Grunde gelegt hat — diese Einsicht ist die Grundbedingung aller echten Wissenschaft und daher aller Philosophie, aller wissenschaftlichen Fruchtbarkeit, nicht minder aber auch alles natürlichen Denkens im menschlichen Leben, wie auch in allem geschichtlichen Verfahren der Völker.

6. Diese Nüchternheit ist der klare und tiefe Sinn des deutschen Idealismus, der seine Wissenschaft und seine Philosophie in deren klassischen Hervorbringungen allezeit charakterisiert. Und von diesem Grundzug des wissenschaftlichen Geistes wird der Schluß zu machen und zu erproben sein auf alles geschichtliche, insbesondere auch das politische Verhalten des deutschen Volkes.

Mit dieser wissenschaftlichen Ehrlichkeit hat nicht etwa Kepler in Deutschland den Anfang gemacht. Bevor Kepler für seinen Versuch, die Planetenbahnen mit der Hypothese der Kegelschnitte zu berechnen, auftrat, hatte ein anderer deutscher Mann, der Kardinallegat Nicolaus aus Cues an der Mosel diesen Platonischen Idealismus der Hypothese wieder zum Leben erweckt, und mit diesem Grundgedanken ist er der eigentliche Begründer und Urheber der deutschen Philosophie geworden. Leibniz hat diesen Idealismus weitergeführt, bis er in Kant seinen geschichtlichen Höhepunkt erreicht hat, an den nach wissenschaftlichem Ermessen die späteste Folgezeit immer wieder wird anknüpfen müssen.

Der Idealismus ist das Gewissen der Philosophie

8

und der Wissenschaft. Das ist kein Bild und kein Gleichnis; sein genauer Sinn ist uns aufgegangen. Und mit der wissenschaftlichen Bedeutung hängt die allgemeine Bedeutung des Gewissens für alle Richtungen des deutschen Denkens zusammen.

7. Die nächste und unmittelbarste Konsequenz dieses Ausgangs im Denken zeigt sich in dem Gegensatze, der alsbald aufkommt zwischen der Hypothese und dem Dogma, wie nicht minder zu allen den gegebenen Instituten, in denen das Dogma sein Sein ausgeprägt hat. Die Rechenschaft wird als Rechtfertigung zum Schlagwort der Reformation. Nur von der Rechtfertigung, die der Mensch selbst von seinem Gewissen fordert, wird erst die Wirkung der Heilstatsachen abhängig gemacht. Und diese Rechenschaft wird im doppelten Sinne dem Gewissen auferlegt: als die Arbeit, die das Gewissen zu leisten hat, und daraufhin erst als die Erlösung, welche ihm zu Teil wird.

Mit der Reformation tritt der deutsche Geist in den Mittelpunkt der Weltgeschichte. Darüber muß es unter uns endlich einmal zur unumwundenen Klarheit kommen. Albrecht Ritschl hat das rechte Wort ausgesprochen: „Die Reformation hat erst begonnen". Für geschichtlich-religiöses Denken muß es unzweifelhaft sein, daß der geschichtliche Geist des Protestantismus unabhängig ist von dem Verlaufe der Reformation in Wittenberg, geschweige von seinen unmittelbaren Fortsetzungen. Der Jude, wie der Katholik, muß mit der geschichtlichen Einsicht und Unbefangenheit sich durchdringen, daß mit der Tendenz der Reformation — und diese allein ist entscheidend für ihren geschichtlichen Begriff — in alles religiöse Denken und Tun gleichsam der Lichtstrahl der Idee, und zwar der Idee, als Hypothese, in das religiöse Gewissen einfällt. Nicht die Kirche mit ihren Heilswerken, nicht der Priester, sondern allein die eigene Arbeit des Gewissens muß das religiöse Denken, beides, belasten und befreien.

Diesen Doppelsinn hat der Glaube, auf den Luther den Werken der Kirche gegenüber dringt. Dieser Glaube ist der Idealismus gegenüber den gegebenen Realitäten der Kirche. Und die Kirche selbst wird auf diesen Idealismus des Glaubens nicht etwa aus Polemik verzichten wollen. Aus dieser Pflicht der Rechtfertigung, aus der selber erst die Seligkeit des Glaubens erwächst, hat die Religion eine neue Wahrhaftigkeit geschöpft, die eine neue Bestimmung des deutschen Geistes ausmacht.

8. Mit der Reformation ist dem modernen Menschen die Unterscheidung lebendig geworden zwischen der Gewißheit der mensch-

lichen Erkenntnis in der exakten Wissenschaft und der in allen Glaubensfragen. Da aber die letzteren nicht etwa dem Skepti- zismus preisgegeben, sondern als Lehren der Sittlichkeit zu- sammengefaßt und festgehalten wurden, so trat nunmehr die Sittlichkeit an die Seite der Religion. Sie wurde nicht als Gegnerin gedacht, welche die Religion zu ersetzen hätte, sondern als Beistand, als Bürgschaft, gleichsam als die Idee der Reli- gion.

Das ist der Unterschied, den die deutsche Aufklärung gegen das Zeitalter Voltaires und der Enzyklopädisten bildet. Die Religion ist nicht die Infamie, die ausgerottet werden müsse, sondern sie wird gleichsam als der Versuch gedacht, mit dem die Idee der Sittlichkeit in den verschiedenen Entwicklungsstufen der Menschheit zur Verwirklichung gebracht wird. Durch die Unterscheidung der beiden Arten von Gewißheit hat die Idee des Prote- stantismus dem wissenschaftlichen Kulturgewissen der modernen Völker erst das sichere Fundament gegeben. Und alle Entwicklung der Religion, wie nicht minder auch alle Entwicklung der Ethik ist be- dingt durch diese Ausführung des Idealismus der Kultur. Ohne die Unterscheidung zwischen moralischer, daher auch religiöser, und anderer- seits wissenschaftlicher Gewißheit gibt es keine Aufrichtigkeit und keine persönliche Gewissenhaftigkeit für den Menschen der modernen Kultur.

9. Unversehens sind wir hier schon auf die Berührung mit der Bibel, also mit dem Judentum gekommen. Gehen wir auch hier auf die Grundgedanken ein, in denen die religiöse Eigen- tümlichkeit des Judentums besteht.

Der Idealismus ist hier nicht wissenschaftlich vorbereitet, aber die Richtung auf die philosophische Spekulation ist unverkennbar. Gott offenbart sich als der Seiende. „Ich bin, der ich bin". So offenbart sich, und zwar in der Zeitform der Zukunft, der Einzige Gott am Dornbusch. Und die Einzigkeit wird jetzt zum Kenn- zeichen des Seins für Gott. Das ist der Sinn der Einzigkeit Gottes: daß sein Sein das einzige Sein ist; daß es außer seinem Sein kein Sein gibt; daß alles andere Sein, wie Platon sagen würde, nur Erscheinung sei. Gott aber ist das Sein, und in ihm hat die Welt und zumal die Menschenwelt ihren Grund und ihren Halt. Dieser Gott aber ist aller Wahrnehmung entrückt; von ihm gibt es kein Bild und kein Gleichnis; er kann nur, gleichsam wie die Idee, „rein erschaut", erdacht werden. Und dieses Denken Gottes ist nicht das Denken der Wissenschaft, sondern das Denken der Liebe. Die Erkenntnis Gottes ist Liebe. Das ist das echte biblische

Wort für das reformatorisch-biblische Wort des Glaubens. Und schon die Griechen, schon Platon hatte im Eros den höchsten, den innigsten Grad der Erkenntnis und des Kunstgefühls erfaßt.

Bei dieser Fundamentierung der Gotteserkenntnis auf Liebe konnte es nicht ausbleiben, daß das Judentum, sobald es mit dem Griechentum in Berührung kam, seine Verwandtschaft mit dem Idealismus fühlte, und für seine eigene Begründung zu verwerten suchte. Und was Philo, vielleicht auch er nur als Nachfolger, begonnen hat, das haben die späteren Jahrhunderte zur weiteren Entwicklung gebracht. Im 9. Jahrhundert fing das jüdische Denken an, seine Glaubensverfassung als Philosophie zu gestalten, und in der Mitte dieser großen Bewegung steht im 12. Jahrhundert die Lichtgestalt des Moses Maimonides, den nicht nur die großen Scholastiker benutzen, sondern der auch für Cusa das Vorbild wird in der Lehre von den göttlichen Attributen, und das will sagen, in dem Problem des göttlichen Seins.

Maimonides ist das Wahrzeichen des Protestantismus im mittelalterlichen Judentum. Nirgend zwar greift er die Institute der Religion an, aber er sucht überall ihre Gründe zu erspähen; er hält sie daher als der Begründung bedürftig, und daher wohl auch als nur kraft der Begründung lebensfähig und lebenswert. Er verbürgt seinen religiösen Idealismus in seinem allgemeinen wissenschaftlichen Rationalismus. Aber da seine Philosophie an die Wurzel des Gottesbegriffs herangeht, so bewährt er in seiner Bestimmung Gottes als des einzigen Seins und als des einzigen Urhebers alles Seins echten Platonischen Idealismus.

10. Nächst der Einzigkeit Gottes ist der zweite Grundbegriff des Judentums die Reinheit der Seele. Der Jude betet im täglichen Morgengebet: „Mein Gott, die Seele, die Du mir gegeben hast, ist rein. Du hast sie geschaffen, Du hast sie gebildet in meinem Inneren, Du hast sie in mich gehaucht, Du bewahrst sie in meinem Innern, und Du wirst sie einst von mir nehmen, um sie mir wiederzugeben im künftigen Leben". Die Reinheit der Menschenseele ist der Grundpfeiler der jüdischen Frömmigkeit. Daher kann es keinen heiligen Geist und keinen sonstigen Mittler geben, der zwischen Gott und Mensch vermitteln dürfte. „Der Mittler zwischen Gott und Mensch ist des Menschen Vernunft". Dies ist der Ausspruch des wichtigsten ersten Bibelkritikers Ibn Esra. Der heilige Geist ist ebenso sehr des Menschen Geist, wie Gottes Geist. Der heilige Gott hat seinen Geist in den Menschen gesetzt. Daher ist der menschliche Geist ein heiliger Geist.

11. Die Versöhnung des Menschen mit Gott, die Erlösung des Menschen von der Sünde beruht auf diesem Begriffe der Reinheit der Seele, der Heiligkeit des Geistes. Wenn die Seele sich befleckt hat, so kann sie doch niemals der Reinheit verlustig gehen. Der Mensch soll nur das Werk seiner Erlösung rechtschaffen in Angriff nehmen. Er soll seine Rechtfertigung im Glauben — beide Ausdrücke sind ja dem Alten Testamente angehörig — in aller Strenge, in aller Kraft und Gewalt der Reue und der Buße, in aller Zerknirschung und aller Zuversicht auf sich nehmen, und die Sünde und ihre Last wird von seiner Seele genommen.

Nach der größten Sünde seines Lebens läßt der Psalmist D a v i d sagen: „Verwirf mich nicht von Deinem Angesichte, und n i m m D e i n e n h e i l i g e n G e i s t n i c h t v o n m i r“ (Psalm 51, 14). Außer einer Doppelstelle bei J e s a j a, die minder charakteristisch ist, ist diese Psalmenstelle die e i n z i g e, in der der heilige Geist im Alten Testamente erscheint. Er erscheint, um den Menschen von der Gewissens- angst zu erlösen, als ob die Sünde ihn der Reinheit seiner Seele be- rauben könnte. S o w i r d i m J u d e n t u m d i e E r l ö s u n g d u r c h G o t t g e s i c h e r t d u r c h d e n B e g r i f f d e r M e n s c h e n- s e e l e. Und so wird, diesem Idealismus der Menschenseele und des Menschengeistes gemäß, in der sittlichen eigenen Arbeit des Menschen sein religiöses Heil begründet.

12. Diesem Stützpunkte des Idealismus scheint nun ein Grund- gedanke des Judentums entgegenzuwirken, der seit P a u l u s in dem Begriffe des G e s e t z e s bekämpft wird. Erinnern wir uns dagegen, daß auch in K a n t s Ethik als zwei Pole gleichsam die beiden Grund- begriffe der A u t o n o m i e und des allgemeinen G e s e t z e s, der F r e i h e i t und der P f l i c h t zusammenwirken, so erkennen wir in diesem innersten Heiligtum des deutschen Geistes die innerste Verwandt- schaft, die in ihm mit dem Judentum obwaltet. Die Pflicht ist das G e b o t G o t t e s. Und dieses Pflichtgebot Gottes soll zum freien Dienste der Liebe mit der Ehrfurcht in der jüdischen Frömmigkeit zu- sammenwachsen: zur Liebe Gottes in der Menschenliebe.

Das Gesetz Gottes ist das tiefste Fundament aller Sittlichkeit, da- her vor allem das des R e c h t s und des S t a a t e s. So konnte das M o s a i s c h e R e c h t selbst da noch, seinem Inhalte nach, anerkannt bleiben, wo es, wie im Beginne des N a t u r r e c h t s bei H u g o G r o t i u s, seiner formalen Begründung nach, abgelehnt wurde. Und so konnte es für rechtliche Begründung und für das G e f ü h l des Rechts dauernd die lebendige Wurzel bleiben.

Lehrreich ist in dieser Hinsicht ein Wort von T r e n d e l e n- b u r g in seinem N a t u r r e c h t: „Vielleicht hat keine Gesetzgebung,

12

selbst nicht die römische, solche Verdienste um das Gefühl des Rechts unter den Kulturvölkern, als die mosaische."[1] Dieses Gefühl des Rechts stammt aus der Begründung des Gesetzes in Gott. „Als göttliches Gesetz geht es bis ins Innerste des Sittlichen hinein."[2] „Die zehn Gebote bilden noch heute, soweit Judentum und Christentum reichen, das identische Bewußtsein von Recht und Unrecht und greifen auch in den Islam ein. Das Volk lernt aus dem kurzen und klaren Dekalogus das Recht und das Sittliche, und wiederum das Sittliche und den Glauben an den einen Gott in Eins fassen".[3] Diese Verschmelzung des Sittlichen mit dem Monotheismus begründet den Monotheismus, als Religion, im Unterschiede von allem Göttertum der Religionsgeschichte.

Auch K a n t , indem er die Freiheit mit der Pflicht vereinigt, denkt die Pflicht als die Unterwerfung der P e r s o n unter die P e r s ö n - l i c h k e i t , der er die Freiheit zuerkennt. So bahnt auch Kant die Unterscheidung, aber auch die innerliche Verbindung zwischen Ethik und Religion hier an. Denn von der P e r s ö n l i c h k e i t geht wiederum eine neue Verbindungslinie aus. Sie heißt in der Religion die S e e l e und der G e i s t des Menschen. Und sie ist, nächst Gott, die Grundkraft der Religion in den P s a l m e n .

13. Mit den P s a l m e n aber berühren wir wiederum eine tiefe Verwandtschaft zwischen Deutschtum und Judentum, und zugleich eine zentrale Eigentümlichkeit des deutschen Geistes.

Der ä s t h e t i s c h e Geist bildet überall ein Zentrum des Nationalgeistes. Und in aller Kunst möchten wiederum P o e s i e und M u s i k die hervorstechenden Eigentümlichkeiten des deutschen Geistes ausmachen. Von a l l e r P o e s i e a b e r b i l d e t d i e L y r i k d e n G r u n d q u e l l . Und sie gerade prägt die poetische und in der Verbindung mit der von ihr abhängigen Musik d i e ä s t h e t i s c h e E i g e n t ü m l i c h k e i t d e s d e u t s c h e n G e i s t e s aus.

Was unterscheidet nun die deutsche Lyrik, wie sie in G o e t h e ihren Gipfel erreicht, von der allgemein mittelalterlichen des M a r i e n l i e d e s der christlichen Völker, und von dem M i n n e - s a n g , der dem Deutschen mit den T r o u b a d o u r s gemeinsam ist? Was unterscheidet sie sogar von der Lyrik D a n t e s ?[4]

[1] 2. Aufl. 1868 S. 108. [2] S. 105. [3] S. 108, 109.
[4] Meines Wissens hat mein Vortrag in den Schriften der Kant-Gesellschaft „Über das Eigentümliche des deutschen Geistes" (2. u. 3. Aufl.) in Deutschland nur eine Besprechung gefunden: in einer Dresdener Zeitung. Aber der Corriere della sera (12. April) hat in einer das deutsche Gefühl erschreckenden Heftigkeit dagegen Stellung genommen; sachlich aber scheint nur der Einwand, der sich auf Dante bezieht, zu sein. In meiner „Ästhetik des reinen Gefühls" findet dieser Einwand seine eingehende Widerlegung.

Ich wage die Vermutung, daß Luthers Begeisterung für die Psalmen, die im Einklang steht mit seiner reformatorischen Grundstimmung, und seine nicht genug zu bewundernde Übersetzung derselben die Quelle geworden sei, aus der das deutsche Gemüt die Reinheit seiner Liederkraft geschöpft, gestählt und von allen Zweideutigkeiten der Erotik befreit hat. Aus diesem Quell der Gottesliebe ist eine Keuschheit, eine Lauterkeit und Unschuld in unser Liebeslied gekommen, die sich, in solcher Verbindung mit der Naturgewalt der Leidenschaft, in der Lyrik keines Volkes findet, so daß eben die Lyrik in dieser Vollendung, in dieser von aller Rhetorik und auch von aller Selbstkritik und Ironie freien Natürlichkeit und Wahrhaftigkeit vielleicht das untrüglichste Kennzeichen des deutschen Kunstgeistes sein möchte.

Nun bedenke man aber, welche tiefe Verwandtschaft hierdurch zwischen Deutschtum und Judentum begründet wird. Die Psalmen sind demnach der Born dieser Wahrhaftigkeit der deutschen Liebe. Die Psalmen konnten zu dieser Quelle werden, weil sie die Liebe zu Gott, nicht zu einem Menschen besingen, weil sie diese Liebe zu Gott mit einer Sehnsucht singen, wie kein Lyriker in der ganzen Welt diese Gewalt der Sehnsucht jemals überboten hat; weil sie aber auch diese Sehnsucht wahrlich nicht hemmen, aber zügeln durch die Ehrfurcht, die das geistige Wesen des einzigen Gottes einflößt. Die Sehnsucht lechzt nach Gott, wie nur die Liebe sie entzündet; „die Eingeweide brennen". Dieses gewaltige Bild hat Goethe von den Psalmen und von Jeremia entlehnt. Aber die Liebe zu Gott bedeutet ja zugleich die Erkenntnis Gottes, mithin die Verehrung Gottes. Sehnsucht und Ehrfurcht schmelzen zusammen in der Psalmenliebe. Und durch diese selbige Verbindung hat Heinrich von Kleist in der Hermannschlacht die deutsche Liebe gekennzeichnet: „so, was ein Deutscher Liebe nennt, mit Ehrfurcht und mit Sehnsucht, wie ich dich". Diese Liebe ist nun auch das tiefste Geheimnis in der Lyrik Goethes; daher sein Vergleich der Liebe mit dem „Frommsein", und mit dem „Frieden Gottes".

Und es ist gewiß tief bedeutsam, daß gerade an diesem zartesten Punkte der Menschlichkeit die Deutschheit ihre Eigenart zur klarsten und unzweideutigsten Ausprägung gebracht hat, und daß diese Ausprägung der nationalen Eigentümlichkeit die höchste Vollendung der menschlichen Reinheit, der Reinheit des Menschenherzens in den schwierigsten Gefahren seiner Verstrickung mit dem Animalischen zur Klarheit gebracht hat. Von der Lyrik aus läßt sich nun auch am einfachsten und sichersten die andere Eigentümlichkeit verstehen, welche die Musik bildet.

14

14. Über den Begriff des Jdealismus in der Philosophie und in der Wissenschaft ist allgemeines Verständnis und Einvernehmen bisher nicht erreicht. Auch über die Bedeutung des Subjektivismus in der Religion, über die Notwendigkeit, die Art und den Grad des persönlichen Anteils und der persönlichen Verantwortlichkeit bei der Pflege der Religion ist noch weniger Übereinstimmung unter den Menschen vorhanden. Endlich darf man vielleicht auch sagen, daß sogar das innerste Wesen der Lyrik, die Wahrheit ihrer Natur und ihre, durch das Erlebnis und das Bekenntnis ihr gesetzten, Grenzen nach der Rhetorik und nach der Selbstkritik hin, trotz aller literarischen Bildung der Völker, doch noch immer ein Geheimnis sei, ein Mysterium, welches über den Nationen schwebt; wie ein Richtschwert über ihr geistiges Lebensrecht; wie eine Wetterscheide, die die Wahrhaftigkeit der Gedanken und der Gefühle von dem Flittergold der Rednerei und der Selbsttäuschung abstechen läßt; wie eine innere Stimme, die es verrät, ob die Gefühle natürlich und aufrichtig sind, oder aber gleißender Schein und zur Natur gewordene Gewohnheit der prächtigen Redefiguren. —

In der Aufregung des Krieges ist es gerade bei der Frage des G e m ü t e s an den Tag gekommen, wie wenig die Nationen von uns verstanden und auch nur angelernt haben. Denn wenn sie Zeugnisse von Mangel des Gemütes gegen uns erfunden haben, so beweist von allen ihren Verleumdungen am meisten diese, was sie unter dem Wahnwitz der Barbarei uns vorwerfen. Immerhin ist es zu verstehen, daß Völkern, die dieser Vollendung der Lyrik ermangeln, die es, was die literarische Natur des G e f ü h l s betrifft, nicht über das V o l k s l i e d hinausgebracht haben, die Macht und die Zartheit nicht begreifen, mit der das deutsche Gefühl die Naturgewalt der Liebe bekennt, und dem Gemüte dadurch eine Weitung und eine Öffnung gibt, die mit der innersten Wahrhaftigkeit auf dem Fuße der Wechselwirkung stehen muß.

Vergessen wir auch nicht den Einfluß zu beachten, den diese Naturlyrik auf die G e d a n k e n p o e s i e geübt hat, die selbst wiederum eine Eigenart des deutschen Jdealismus ist. Wie gedenken wir hier als eines deutschen Wahrzeichens unseres S c h i l l e r , des Sängers der sittlichen Freiheit, der Freiheit des J d e a l s , wie er es von K a n t überkommen hat. Fremden ist es nicht zuzumuten, daß sie diese Lyrik der ethischen Gedanken, der ethischen Probleme und ihrer L ö s u n g i m J d e a l als eine deutsche Geistesart erkennen; aber unter uns selbst muß diese Einsicht wieder ganz lebendig, klar und siegesfreudig werden, daß wir auch in dieser Eigenart von Lyrik, die selbst auch das M e n s c h e n s c h i c k s a l sich zur Aufgabe stellt, und dieses nicht allein dem D r a m a überläßt, Schiller neben Goethe als den e b e n bürtigen

Offenbarer des deutschen Geistes zu ehren und zu lieben haben. Es ist ein Zeichen, daß wir der Totalität und der Einheitlichkeit des deutschen Geistes noch nicht mächtig, nicht völlig innegeworden sind, wenn wir Goethe allein uns zum Herold unserer nationalen Laufbahn ausrufen, während der deutsche Geist für alle Zukunft in der innigen Verbindung von Schiller und Goethe besteht. In Schiller ist Kant mit seinem Fundament der Wissenschaft geborgen, wie in Goethe die Universalität der Wissenschaft. Wissenschaft und Philosophie bilden das vereinigte Fundament deutscher Kunst, deutscher Dichtkunst.

15. Jetzt aber erst kommt der Folgesatz zu dem Anfang dieser unserer Betrachtung. Wenn man den fremden Völkern alles Mißverständnis deutschen Wesens nachsehen wollte, so bleibt keine Erklärung gegenüber dem der Eigenart der deutschen Musik. Daß diese im strengsten Sinne deutsche Eigenart sei, das müßte allbekannte, unbezweifelbare Tatsache sein.

Worin besteht nun diese Eigenart, die wahrlich nicht etwa so verstanden werden will, als ob nicht auch andere Völker vor und nach dem deutschen Musik gemacht hätten — worin besteht die Eigenart der deutschen Musik? Und was folgt für die Eigenart des deutschen Geistes aus dieser Tatsache der deutschen Musik?

Die Musik ist die idealste der Künste. Ihr Gebäude ist reiner Hauch, rhythmisierte Atemluft. Das ist ihr Stoff, dem der Rhythmus die Form gibt. Aber freilich erbaut sich der Rhythmus mittelst der Mathematik ein weites Reich der Formen, und diese Formenwelt erlangt eine Erhabenheit, die mit der der Baukunst wetteifert. So bleibt hier alles reine Gedankenwelt, die in die Luft ausstrahlt. Das ist das Große in der Musik der Deutschen: daß sie auf der Erhabenheit der geistigen Formen beruht, daß aber dieser erhabene Formenbau in die reinen Gefühlsquellen ausstrahlt, aus denen er im letzten Grunde selbst erflossen.

Diese Verbindung der geistigen Erhabenheit, in der Gestaltung der musikalischen Gesetzesformen, mit den Urquellen des melodischen Gefühls, wie andererseits diese freie Entfaltung, diese Ausweitung eines Naturlautes des Gemütes zu einer wohlgeformten Aussprache und Darstellung gleichsam eines Heerzuges des Gefühls, der neues Gemütsland entdecken und erobern will, diese Verbindung geistiger Erhabenheit mit der naiven Ursprünglichkeit und zauberhaften Unerschöpflichkeit der melodischen Wunderkraft — diese Verschmelzung von Geist und Seele ist in ihrer Vollendung einzig in der deutschen Musik. Und dieser Geist und Seele verschmelzende Charakter der deutschen Musik ist das untrüglichste, das unverkennbarste Kennzeichen des deutschen Idealismus.

Hier, in dieser Luftwelt des Gefühls wird das Ideal Wirklichkeit. Hier bewährt nicht nur der reine wissenschaftliche Gedanke seine idealisierende Kraft, und auch nicht nur der sittliche Wille nimmt die Gottheit in sich auf, wie Schiller sagt, um das Ideal aus dem „Reiche der Schatten" in die Wirklichkeit zu heben: das Wunder ist hier noch größer. Denn in dieser Musik herrscht der Lufthauch; Luftgebilde sind es, die den Raum durchschwirren, und alsbald sind sie verrauscht, und leben nur noch in der Urwelt der Partitur — und dennoch welche Urkraft des Lebens, der Ergreifung, der Erschütterung des Gemütes, und hinwiederum der Befreiung von allen Erdensorgen, der Erhebung zu den höchsten Himmelsfreuden des Gefühls ist dieser Musik gegeben. Welches Volk kann sich in dieser Offenbarung menschlichen Geistes mit uns messen?

16. Fragen wir nun aber, wie diese Leistung des deutschen Idealismus mit den anderen Richtungen desselben zusammenhängt, so kann über den religiösen Ursprung unserer Musik kein Zweifel sein. Aus dem Choral, wie die Reformation ihn entwickelt hat, ist sie hervorgequollen; aus dem Ebenmaß des Chorals ist das ganze Gebäude der Fugenkunst hervorgegangen. Das Oratorium ist die Urform, welche alle Mittel der Kunst in sich aufnahm, alle Volkskräfte des Liedes in sich auffog, auch dramatische Formen in Verwendung nahm; endlich aber in der Begleitung des Liedes dem Orchester zur Selbständigkeit verhalf, zu jener höheren Selbständigkeit, welche vorher durch die Sonatenform noch nicht erreicht worden war.

Wir dürfen aber noch weiter gehen und in der ganzen ferneren Entwicklung, die über Bach und Händel hinaus unsere Musik genommen hat, die fortdauernde Einwirkung der religiösen Grundkraft erkennen. Wie wir bei Bach schon aus dem geistlichen Liede das weltliche sich ablösen sehen, so hat sich nicht nur bei Beethoven, wie in dem Lied an die Freude, sondern auch bei Mozart, wie in dem Schwanengesang seines Requiem, so besonders auch in dem Messianismus der Zauberflöte die Fortdauer der religiösen Innenwelt bewährt. Es ist nur eine andere Wendung, welche das Religiöse im Dramatiker Mozart nimmt, indem er in dem Gesang der geharnischten Männer durch die Choralfuge der Fugenkunst Beethovens die Richtung vorzeichnet, die, und zwar nicht nur in der Eroica, doch wieder neue Bahnen einschlägt.

17. Kehren wir jetzt zunächst zu der Analogie zurück, auf die wir uns hier eingestellt haben, so darf vorab daran erinnert werden, daß

die Mufik im ehemaligen Tempel zu Jerufalem eine Pflege fand, wie fie in diefer Ausbildung von keinem anderen Volke des Altertums bekannt ift. Die originale Pfalmendichtung mit ihrer urfprünglichen Lyrik forderte und fchuf fich diefe Mufik, diefe Echokraft des Gefühlsgedankens. Und diefes Leben der Mufik haben die Juden auch in ihrer Zerftreuung fich zu erhalten vermocht. Die Mufik blieb ihnen ein um fo köftlicherer Schatz ihres bedrängten Lebens, als er, in Vollendung wenigftens, beinahe ausfchließlich nur ihren Gottesdienft fchmückte, nur ihm gleichfam die menfchliche Weihe geben follte. Es fpricht keineswegs gegen den kultuellen Charakter der jüdifchen Mufik des Mittelalters, wie insbefondere der beginnenden Neuzeit, daß nicht alle Hauptftücke derfelben, foweit fie uns bekannt find, in alten und ureigenen Schätzen beftehen mögen, fondern daß die Juden, wie die Verfchiedenheit der Riten es außer Zweifel ftellt, in Spanien anders fangen als in Deutfchland. Denn auch diefe Verfchiedenheit beeinträchtigt nicht den religiöfen Urfprung diefer beiden, wie noch anderer mufikalifcher Kultusformen.

Dagegen find die großen Rezitative, wie fie unfer ganzes mufikalifches Kultusjahr durchziehen, die eigentlichen Urformen der jüdifchen Mufik. In ihnen prägt fich die Eigenart des mufikalifchen Gedankens und Gefühls, die eigentümliche Feierlichkeit, das Maeftofo der jüdifchen Verkündigung aus, wie fie das jüdifche Individuum mit dem Bunde der Väter verknüpft, und wie ebenfo die Verheißung diefes Individuum hinausblicken läßt in eine ewige Zukunft der Menfchheit. Es ift wahrlich kein Wunder, daß unter folchen religiöfen Perfpektiven der mufikalifche Ausdruck zu einer Höhe und Innigkeit, zu einer Macht und Sanftheit, zu einer Erfchütterung und Befeelung ausreifen konnte, die in aller musica sacra eine eigene Melodik darftellen möchte. Wie fehr dem Juden diefe mufikalifche Eigenart im Blute fteckt, davon kann fich der Nichtjude eine Vorftellung bei Mendelsfohn erwerben. Wie diefer in den verfchiedenen Weifen „Herr, Gott Abrahams, Ifaaks und Israels, laß nun kund werden, daß Du, Herr Gott bift", befonders die letzten Worte fingt, noch inftruktiver im Lobgefang als im Elias, das wird der Kenner jüdifcher Mufik als ererbtes Eigengut anfprechen dürfen.

Was übrigens den Grundgedanken, der diefes mein Gefühlsurteil leitet, betrifft, fo darf ich mich für die Eigenart der fynagogalen Rezitative auf das Urteil Lewandowskis berufen, der der Erhaltung und der Weiterbildung der echten jüdifchen Mufik, zugleich auf der Grundlage der deutfchen Mufik, fein Leben und Schaffen gewidmet hat.

Weniger eingehen mag ich auf die Mitwirkung der Juden der

Neuzeit an der deutschen Komposition, wie an ihrer Darstellung;
denn diese Dinge sind allbekannt. Auch in ihnen aber liegt kein ge-
ringfügiges Zeugnis für die Kongenialität des Gefühls in beiden
Nationalitäten.

Bevor wir nun nach anderen Eigentümlichkeiten des deutschen
Geistes ausspähen, wollen wir den Blick vorbereiten für diejenige
Periode, in welcher nach langen Vorversuchen endlich die Verbindung
beider Volkstypen im deutschen Geiste zu einer Tatsache der modernen
Kultur wird.

18. Schon in der römischen Zeit hatten bekanntlich Juden
an den Ufern des Rheins sich angesiedelt. Unter Karl dem Großen verbreiten sie als Reisende überallhin die deutsche Sprache.
Dabei pflegen sie zugleich eifrig die Wissenschaft ihrer Religion; die
Schulen von Mainz, Worms, Speyer werden blühende jüdische Ge-
lehrtenschulen. Solche gibt es zwar auch in Spanien und Frankreich, aber Güdemann weist in seiner „Geschichte des Erziehungs-
wesens und der Kultur der abendländischen Juden" darauf hin, daß
sie dort ohne den inneren Einfluß bleiben, den die deutschen Schulen
gewinnen. Dieser Kontakt mit ihrer deutschen Umgebung, diese Be-
einflussung, der die deutschen Juden innerlicher als anderwärts
zu ihrer Umwelt sich hingeben, spricht eben wieder für die Ur-
wüchsigkeit dieses Verhältnisses. Hier waren sie seit den Vorzeiten
Germaniens ansässig, hier bleiben sie bodenständig, hier werden sie
niemals vollständig ausgetrieben, wie anderwärts, wie in Frankreich und
in England; hierher kehren auch Solche wiederum zurück, die, wie nach
Polen und Rußland, von hier ausgewandert waren, als die schrecklichen
Verfolgungen beim schwarzen Tode in Deutschland überhandnahmen.
Hier können selbst die großen Verheerungen, die mit den Kreuzzügen begannen, sie geistig von dieser nationalen Wurzel nicht los-
reißen. Denn sowohl die deutsche Mystik, wie, was das Verwunder-
lichste sein möchte, der deutsche Minnesang rufen Nachwirkung
und Mitwirkung im jüdischen Lager hervor. Süskind von Trim-
berg steht nicht einmal ganz allein — dagegen entsprechen die Unterschiede hiervon im Verhalten der Juden zu den Troubadours
den bedeutsamen Differenzen im Geiste der Toleranz, die Wolfram
und Walther von Chrétien de Troyes abscheiden[1]).

Und die Mystik hat hier denselben rationalistischen Grundzug,
den die Mystik von Tegernsee hat, welche die deutsche Philosophie
vorbereitet. Von Jehuda dem Frommen (gest. 1217 in Re-
gensburg) sagt Zunz in seinem Grundwerke „Zur Geschichte und

---

[1]) Vgl. Karpeles, Geschichte der jüdischen Literatur, 2. Aufl., Bd. II,
S. 92, 119.

Literatur": „Einem Ideal der Erkenntnis und der Frömmigkeit hingegeben, schritt sein Leben und sein Wesen über die Zeit-
genossen hinweg". Auch hier also bildet die Mystik eine Opposition
zur konventionellen Religiosität, und diese Opposition ruht auf dem
Streben nach einem Ideal der Erkenntnis.

Auch später zeigt sich in einer Einwirkung des Judentums auf
christliche Sekten dieser innerliche Zusammenhang. Die Albigen-
ser, wie die Hussiten, werden der Sympathie mit dem Judentum
bezichtigt. Aber durchgreifend ist in der geistigen Geschichte der deutschen Juden und in ihrer Einwirkung insbesondere auf die von
Italien, wie auch in ihrer Rückwirkung auf Frankreich, diese
ihre innerliche Deutschheit.

19. Während die hauptsächliche Literatur auch hier dem religiösen
Schrifttum gewidmet und daher in der hebräischen Sprache abgefaßt
war, beteiligen sich die deutschen Juden doch auch ihrerseits an der
Bearbeitung der mittelalterlichen poetischen Stoffe, der Artussage,
des Schmied Wieland, ebenso an Tristan und Isolde und
dem Eulenspiegel, worauf Steinschneider hingewiesen hat.
Und selbst Bearbeiter des Parzival bedanken sich bei einem Juden
für dessen Übersetzung aus dem Französischen.

Das Wichtigste aber ist, daß diese deutsche Literatur der deutschen
Juden in reinem Deutsch geschrieben wird. Die Juden, welche
seit dem schwarzen Tode aus Deutschland nach den slavischen Ländern
entfliehen, halten dort zwar die deutsche Sprache als ihre Muttersprache fest. Dieser Zug der jüdischen Pietät gegen ihr Schutzland bewährt sich hier, wie ihn auch die spanischen Juden nach ihrer
Vertreibung aus Spanien im Orient, und zwar in der Erhaltung des
klassischen Castilisch bewährt haben. Aber in Polen und Rußland verfällt dabei die deutsche Sprache der Mischung in den Jargon.
Auch dieser hat seine Literatur hervorgebracht, die in unseren Tagen
wieder durch die russischen Greuel zum Leben erweckt wird. Indessen
ist dieses Judendeutsch in Polen entstanden und nach Deutschland erst
durch die polnische Rückwanderung eingeführt worden. Die eigene
jüdisch-deutsche Literatur ist in reinem Deutsch abgefaßt, wenngleich
meist in hebräischen Schriftzeichen verbreitet. Der Jargon ist weder
in der Schrift, noch im mündlichen Gebrauche, in Deutschland bis
dahin bekannt.

So lebten die deutschen Juden trotz aller Schranken, die gegen
sie aufgerichtet waren und zwar erst im späteren Mittelalter nach
den Kreuzzügen allmählich aufgerichtet wurden, dennoch weder geistig,
noch seelisch, in innerlicher Isolierung vom deutschen Leben. Es ist
vielleicht kein kleinliches Symptom, daß sie sogar bei der Anrede an

den rabbinischen Lehrer nicht des Wortes Rabbi sich bedienten, sondern des Meister. So wird in dem Sittenbuch von 1542 berichtet. An dieser Grenze ihres religiösen Eigenlebens dünkt es ihnen nicht als Profanierung, des deutschen Namens sich zu bedienen, um den Lehrer der Schrift und des Gesetzes, ihre höchste Obrigkeit mit ihm zu benennen. Und so erklärt es sich auch, daß das Wort Meister sogar ein Vorname bei den deutschen Juden wird.

20. Wir kommen hier auf eine Verwandtschaft des Judentums mit dem anderen Grundbegriffe der Reformation neben dem der Rechtfertigung, nämlich dem der Versittlichung aller menschlichen Berufe, womit in gewissem Sinne eine Säkularisierung des geistlichen Amtes verknüpft war. Luther hatte das allgemeine Priestertum wieder errichtet, damit aber einen der ersten Wahrsprüche Moses erfüllt: „Ihr sollt mir ein Priesterreich sein und ein heiliges Volk" (2. Mos. 19, 6). In Israel hat niemals der Priester eine himmlische Gewalt gehabt, die ihm den Vorzug einer Vermittlung des Menschen mit Gott verliehen hätte. Das Wort Gottes bei Mose: „Heilig sollt ihr sein" (3. Mos. 19, 2) gilt für das ganze Volk, für die ganze Gemeinde Israels. Auch hier konnten die damaligen Juden glauben, und ihre historische Ahnung hat sie wahrlich nicht durchaus und für alle Zeit getäuscht, daß der Protestantismus die Annäherung an den Prophetismus vollziehe. Aber von der Erwartung Luthers, daß sie nunmehr zu seinem echten Christentum sich bekehren würden, trennte sie ja eben dieses ihr Priestertum, sofern es sich bei dem Werke der Erlösung, bei der Selbstbetätigung durch Bekenntnis und Buße an der Wiedergewinnung der ursprünglichen göttlichen Seelenreinheit bewähren durfte und mußte. So konnte die Reformation ohne unmittelbare Einwirkung auf das innere Judentum bleiben, das in seiner ganzen philosophischen Entwicklung vom frühen Mittelalter ab diesen Geist des Protestantismus in sich genährt hatte. Erst als innerhalb des Deutschtums die geschichtlichen Motive der Reformation in der Wissenschaft des deutschen Humanismus und in der Philosophie zur Reife kamen, erst da erblühten auch für das Judentum die Nachwirkungen der Reformation, durch welche ein neues Judentum erweckt wurde, ein neues Kulturleben und ein neues religiöses Dasein.

21. So stehen wir an der Schwelle der Zeit von Moses Mendelssohn, der aus Dessau zu seinem Lehrer David Fränkel nach Berlin übersiedelte, um dort der Freund unseres großen Lessing zu werden. Welche Konstellation enthalten allein schon diese beiden Namen. Es ist, als ob sie beide für einander geboren wären. Mendels-

fohn wenigftens ftirbt für den Freund, da er ihn von der Anfchuldigung des Spinozismus befreien wollte. Und Leffing beginnt feine dramatifche Laufbahn mit den „Juden" und bringt fie zu überragender Höhe im „Nathan". Nur für das gefchichtliche Derhältnis beider Freunde zur Religion zeigt fich eine Differenzierung gegenüber dem Fragment von der „Erziehung des Menfchengefchlechts". Für diefe Teleologie der Weltgefchichte, die fchon die griechifchen Kirchenväter erfonnen hatten, zeigte Mendelsfohn kein Derftändnis und keine Sympathie. Sie widerftrebte dem Geifte feiner Aufklärung, und fie behinderte ihn auch in feiner freien Situation gegenüber der Philofophie, befonders aber auch gegenüber dem herrfchenden Chriftentum und feinen mehr oder weniger ernfthaften Bekennern. Es kam hinzu, daß er plötzlich durch Lavater unliebfam herausgefordert wurde, das Chriftentum zu widerlegen, oder es zu bekennen. Er ergänzte feine Derteidigung auf diefen Angriff durch fein „Jerufalem, oder über religiöfe Macht und Judentum". Diefes Buch ift der theoretifche Ausdruck einer großen praktifchen Einwirkung, welche durch Mendelsfohn das deutfche Judentum und vermittelft feiner das Judentum in der ganzen Welt erfahren hat.

22. Der theoretifche Ausdruck felbft ift die fchwächfte Seite an diefer großen Epoche in der Gefchichte des Judentums. Schon daß perfönliche Anftöße bei der Abfaffung diefer Schrift mit im Spiele waren, ift ein Symptom von einer nicht völligen Bewegungsfreiheit der Spekulation, von einer Derfchleierung des eigentlichen Problems, von einer Ausweichung vor der letzten Konfequenz der Gedanken. Denn bei der Frage von der „religiöfen Macht" handelt es fich offenbar nicht allein um das Judentum, und auch nicht allein um das Chriftentum, fondern für Mendelsfohn ftand unverkennbar in Frage: das Derhältnis von Judentum und Chriftentum zum Problem der religiöfen Macht. Darüber aber durfte er zu feiner Zeit, gewiß noch weit mehr als felbft heutzutage, nur unter diskreteften Referven fich äußern.

Ferner aber handelt es fich bei der religiöfen Macht zuvörderft um das Derhältnis zwifchen Religion und Sittlichkeit. Und erft lange nachher konnte unter der religiöfen Macht auch die Kirchenmacht zu verftehen fein, und allenfalls zur Sprache kommen.

Mendelsfohn aber drehte zunächft die Difpofition um und fing mit dem Kirchenrecht und dem Naturrecht des Staates an. So verfchaffte er fich gleichfam ein Hinterland für die allgemeine Sittlichkeit. Indem er nun aber zu der philofophifchen Grundfrage fortfchritt, hüllte er fich, wie in einen Panzer, in die aufgeklärte

22

Weisheit seines Zeitalters ein, welche der **Offenbarung** widerstand, und alle Sittenlehre als bloße Vernunftwahrheit anerkennen und gelten lassen wollte. Diese Quintessenz der Aufklärung war ihm hochwillkommen gegenüber den Zudringlichkeiten, denen er sich ohnehin beständig ausgesetzt fühlte, und jetzt in öffentlicher Herausforderung ausgesetzt sah. Die Vernunft allein ist das anerkannte Forum der Moral. Und wenn die Moral eines Gottes bedarf, so hat sie selbst diesen sich zu erweisen; sie bedarf auch für das Wesen Gottes keiner Offenbarung.

23. Nun entsteht aus dieser Disposition, so sollte man meinen, für Mendelssohn eine Gefahr, insofern er den **Monotheismus** des Judentums gegen die **Trinitätslehre** zu verteidigen hatte. Diese Verteidigung aber würde einen Angriff notwendig machen, dessen er sich enthalten wollte, und dessen er sich gegenüber der allgemeinen Aufklärung auch enthalten konnte. Indessen entgeht ihm dabei der Hinweis auf den entscheidenden Vorzug in der **Gotteslehre** des Judentums. Und dennoch war es seine Aufgabe, das Existenzrecht des Judentums zu behaupten und zu begründen. Worein aber konnte die Begründung gelegt werden, wenn alle **sittlichen** Wahrheiten solche der **Vernunft** sind, und der Offenbarung nicht bedürfen?

Es war die schiefe Ebene in dem geschichtlichen Sinne der **Aufklärung**, die ihn zu der falschen Begründung des Judentums ablenkte. Nur das **Gesetz sollte für Israel das Erbe der Offenbarung sein**, und nur im Joche des Gesetzes soll das Lebensrecht des Judentums Bestand haben. Seit wann aber ist innerhalb des Judentums die **Thora** nur das Gesetz, und nicht vielmehr die **Lehre**, mithin wenn nicht die Quelle, so doch unzweifelhaft **der ganze große Inhalt der religiösen Erkenntnis**, die erst die Wurzel ist für die religiöse **Liebe**, die selbst wiederum dem Gesetze erst seine Wahrheit verleiht? Wie konnte Mendelssohn so sehr die Spur des von ihm so verehrten **Maimonides**, wie überhaupt **die ganze Richtlinie der jüdischen Glaubenslehre** verlassen? Wie **konnte er ferner nur auf die Judenheit die Thora beschränken**, als ob die **Zehn Gebote** nicht der Menschheit offenbart worden wären; als ob nach dem Gesetze der Tradition selbst Mose nicht auch den „Völkern der Welt", die „**sieben Gesetze der Söhne Noas**" gegeben hätte; als ob endlich die **Propheten** nur zu Israel gesprochen, und nicht für alle Menschen und für alle Völker bis an das Ende der Tage?

24. Wir werden es noch zu betrachten haben, welche schwere Hemmung, welches Verhängnis geradezu für Mendelssohns Beleuchtung

des Judentums in seiner Verkennung des Prophetismus und seines Kerns, des Messianismus, verursacht ist. Aber seine Position erklärt sich nichtsdestoweniger hinlänglich aus einer positiven Richtung seiner Mission für das Judentum seiner Zeit. Er sah es bereits von allen Seiten bedroht; unter seinem eigenen näheren Anhang zeigte sich eine unverhohlene Entfremdung. Es konnte ihm nicht verborgen bleiben, welche Gefahren die zunehmende literarische, die geistige Gemeinschaft und die soziale Annäherung für den Fortbestand des Judentums bilden; ob er nicht gar auch im eigenen Hause schon das Unheil herankommen sah? Und es war nicht allein die Pietät und die Trägheit des Beharrens in den alten Formen und Geleisen, die ihn zum Verteidiger der Tradition machte, sondern sein großer, wie wir sagen dürfen möchten, sein weltgeschichtlicher Beruf für die Erhaltung des Judentums, der ihm auch die Aufgabe zuteilte, in dem geschichtlichen Judentum das ganze Lebensgesetz dieses religiösen Sonderdaseins zu schützen, zu retten, und nicht allein, oder auch nur vorzugsweise das Vernunftrecht der Lehre zu vertreten und das Judentum auf dieses zu gründen.

Wenn man Mendelssohn in seiner theoretischen Schwäche begreifen will, muß man ihn in seiner geschichtlichen Kraft zu verstehen suchen. Ihm kam es in erster Linie nicht auf die Philosophie der Religion, noch selbst auf die des Judentums an, sondern er wollte eine Vereinbarung herbeiführen zwischen dem Judentum in seinem Fortbestande und der modernen Kultur. Und er faßte die moderne Welt nicht in der abstrakten Allgemeinheit der Aufklärung auf, sondern er dachte sie kraft seiner religiösen Geschichtlichkeit in einem unvergänglichen Zusammenhange mit dem Judentum, welches selbst er aber nicht vornehmlich als Weltjudentum dachte. Er war Deutscher in seinem ganzen Denken, Schreiben und Dichten. Danzel sagt, daß Wenige damals so ausgesprochen als Deutsche geschrieben haben, wie Mendelssohn. Und wie er so in voller Natürlichkeit und Unbefangenheit sich als deutschen Denker fühlte, so auch und gleichsam auf dieser Grundlage fühlte er sich auch als Juden, als deutschen Juden. Aus dieser Einheit seines deutschen und seines jüdischen Wesens erwuchs ihm nicht nur die Kraft, sondern auch die Beschränkung und Bescheidung, den deutschen Juden zu helfen, an das Sonnenlicht der deutschen Kultur und Literatur sie emporzuheben, von dem Jargon des Weltjudentums sie zu befreien, und ihnen das Gepräge des deutschen Judentums einzuimpfen. Die Sprache sollte das Mittel werden zu ihrer Erlösung aus dem Ghetto. Und die deutsche Sprache hat er als dieses Heilmittel des Judentums erwählt.

Denn vom deutschen Judentum ging diese Verjüngung, diese Neu-

24

belebung des gesamten religiösen Judentums aus. Zu seiner Zeit schon hat man den Spruch auf Deutschland erstreckt, der für den Anfang von Zion gilt, daß die Lehre von ihm ausging. Und wenn wir auch nicht eine neue Lehre in dem Judentum Mendelssohns erkennen dürfen, so wäre es nicht bloß schnödester Undank, sondern ein heute wieder verhängnisvoller geschichtlicher Unverstand, wenn wir Moses Mendelssohn nicht als den Erhalter und Reformator des Judentums, nicht nur der Judenheit rückhaltlos anerkennen wollten. D a s D e u t s c h t u m   h a t   e r   z u   e i n e r   L e b e n s k r a f t   d e s   J u d e n - t u m s   h e r a n g e z o g e n. So sollte denn auch der Schaden, den seine eigene Philosophie für die Würdigung des Judentums zurückließ, von der deutschen Philosophie geheilt werden. Er bleibt der Reformator des Judentums, weil er mit dem Geiste des Deutschtums das Judentum erfüllte, und dessen Weltmission dadurch von neuem auf ihr prophetisches Ziel hingelenkt wurde, das bis auf jene Tage noch verdunkelt blieb.

25. Große Zeiten stoßen hier in der deutschen Geschichte zusammen. Kaum ist die A u f k l ä r u n g verklungen, da melden sich schon die Vorboten einer neuen größeren Zeit. Von Mendelssohn führt der Weg zu K a n t, aber dieser Weg führt über H e r d e r, obwohl dieser Kants Schüler gewesen war. Der Schüler zwar ging eigene Wege, die am letzten Ende doch mit dem Ziele zusammentrafen, auf das Kant hinsteuerte. Der deutsche Geist tritt in das Zeichen des H u m a n i s - m u s, in das Weltalter der H u m a n i t ä t ein.

Hier müssen wir nun aber auf die R e f o r m a t i o n s z e i t wieder zurückblicken, um der Veränderung zu gedenken, welche durch sie der S t a a t s b e g r i f f im deutschen Wesen vollzogen hat. Mit dem allgemeinen Priestertum, dem sozialen Grundbegriffe der Reformation, verband sich politisch das L a n d e s f ü r s t e n t u m, und beide Motive brachten die p r o t e s t a n t i s c h e S t a a t s i d e e hervor, kraft welcher der Staat auch in sittlicher Bedeutung souverän ist gegenüber der Kirche. Der lange deutsche Kaiserstreit mit dem Papsttum fand prinzipiell hierdurch seinen Abschluß. Zugleich aber liegen hier andere tiefe Wurzeln des e t h i s c h e n S o z i a l i s m u s, unter denen wiederum die allgemeine S c h u l p f l i c h t als Zentralkraft des deutschen Geistes zu erkennen ist. Das S e n d s c h r e i b e n L u t h e r s a n d i e R a t s h e r r e n ist das politische Seitenstück zur dogmatischen Grundschrift von der F r e i h e i t e i n e s C h r i s t e n m e n s c h e n. Diese Freiheit wird erst durch die Verstaatlichung des Schulunterrichts und durch die Erstreckung der Schulpflicht auf das ganze Volk zu einer ethischen Realität.

26. Auch hier gewahren wir eine innerliche Analogie mit dem Judentum, in dem das allgemeine Priestertum in seiner gesamten Geschichte zu derselben Konsequenz geführt hat. Das „Studium der Lehre" war religiöse Grundpflicht, der Niemand entzogen werden durfte. Da war kein Unterschied zwischen Reich und Arm; der Ärmste war oft der größte und der am meisten geachtete Gelehrte. Auch die Frauen mußten lesen lernen, um beten zu können. Und bei der Beschränktheit des Wissens auf die Quellen der Religion war auch die Schulpflicht nur pädagogisch abgeteilt, so daß die Allgemeinheit sich auch auf die des Lehrstoffes bezog, der allerdings immer innerhalb des biblisch-rabbinischen Umfangs sich bewegte. Dies war die Schranke des geistigen Judentums an sich und überhaupt. Indessen wurde auch diese ihm zum Segen; denn dadurch wurde das Judentum geistig genötigt, sich aus der Enge zu befreien, in der es religiös, wie sozial, gehalten wurde: es mußte daher immer den Zusammenhang mit der allgemeinen Kultur aufsuchen; so geschah es in Alexandrien, ebenso auch in der arabisch-spanischen Zeit, so auch im deutschen Mittelalter, und wieviel lebendiger mußte dieses Verlangen nach der allgemeinen Kultur jetzt in dem neuesten Deutschland, dem Deutschland der Weltliteratur werden, wie es in Herders „Briefen zur Beförderung der Humanität" zum klassischen Ausdruck gelangte.

27. Klassisch dürfen wir dieses literarische Denkmal nennen wegen seiner literarischen Gesinnung, die die „Stimmen der Völker" sammelt, um aus ihnen die Harmonie der Menschheit erklingen zu lassen. Und wie bedeutsam ist es, daß derselbe Mann auch den „Geist der ebräischen Poesie" verkündet, ein Buch, das nicht nur wegen seiner wundervollen Übersetzungen vieler Stellen aus Pentateuch, den Propheten und Hiob, sowie vieler Psalmen, sondern auch durch seine vorurteilsfreie, vom Geiste echter Literaturforschung geleitete Exegese auch heute noch belehrend und erziehend wirken könnte. Wahrlich Deutschland ist ganz erfüllt von der Rousseau-Stimmung, und dieses Echo war nur möglich, weil es aus dem eigenen Walde in derselben Tonart herausschallt. Wenn man die Vorrede zu Johann David Michaelis' Mosaischem Rechte liest, so glaubt man eine Einwirkung der französischen Revolution in ihr erkennen zu müssen: sie ist aber 1769 geschrieben. Wie könnte es auch anders sein, da die ganze deutsche Aufklärung den Geist der Toleranz atmet, da die Philosophie unseres Leibniz trotz ihrem echten Deutschtum, das sich ebenso gegen Ludwig XIV., wie in den „Unvorgreiflichen Gedanken zur Verbesserung der teutschen Sprache" in herrlichem geistigen Patriotismus kundgibt, zugleich ebenso auch den weltbürger-

26

lichen Geist zum innersten Sinne der Philosophie und der Wissenschaft macht.

Weltbürgerlich bedeutet in dieser ganzen deutschen Zeit nicht nur kosmopolitisch, sondern es ist beinahe gleichbedeutend mit menschheitlich, und daher mit sittlich überhaupt. Denn das „Weltbeste" ist die höchste Aufgabe der „Perfektibilität" des Menschengeschlechtes, welche das höchste Ziel der Ethik dieses Zeitalters bildet.

Es ist kein Zweifel, Kant stammt von Leibniz ab, obwohl er die Formel seiner theoretischen These zuletzt an Newton anknüpft. Und wie dies eigentlich sogar vom theoretischen Ausgang gilt, so erst recht vom ethischen Zielpunkt. Die Menschheit ist der Grundbegriff seiner Ethik. Mit der Idee der Menschheit entwurzelt er allen Sensualismus, allen Eudämonismus des empirischen Menschen, allen Egoismus des sittlichen Menschenbegriffs. Der kategorische Imperativ läßt sich als das Gebot der Menschheit genau formulieren. Handele nicht als Ich im empirischen Sinne, sondern handele als Ich der Menschheit im idealen Sinne. Betrachte „deine eigene Person, wie die eines jeden anderen", nicht in sinnlicher, empirischer, rassenhafter, noch auch geschichtlicher Isoliertheit, sondern durchaus nur als Träger der ewigen weltgeschichtlichen Idee der Menschheit. Die Menschheit ist der „Selbstzweck" des Menschen. Daher darf der Mensch niemals das „bloße Mittel" der Menschen werden. So wächst der Sozialismus aus dieser Idee der Menschheit hervor. Die Menschheit ist das Prinzip alles Menschlichen, im Individuum, im Staate, wie in der Weltgeschichte.

An diesem Grundgedanken des deutschen Geistes dürfen wir auch heute uns nicht irremachen, von ihm nicht abwendig machen lassen. Denn das ist uns ja der hohe Sinn dieser Tage, daß wir in die unabsehbare Zukunft unserer Geschichte hinauszublicken berechtigt werden; daß wir die Zukunft unserer Weltmission erahnen; daß wir im deutschen Geiste den Erziehungsgeist der Völker erkennen müssen, bei aller Nüchternheit und geschichtlichen Bescheidenheit diesen unsern geschichtlichen Beruf als Zuchtmeister der Welt in ihm erkennen müssen.

28. So enthüllt sich der tiefere Grund nicht nur für unsere heilige Energie, die alle Welt bewundert, sondern auch für das Nichtverstehen unserer Eigenart bei den Völkern. Ein offenbares Geheimnis erregt zunächst Befremdung und Mißtrauen. Und wenn nun der Hauptfaktor des Völkerlebens, der Wettstreit und Widerstreit der materiellen Interessen hinzutritt, so verwandelt sich unversehens der Argwohn in den sogenannten Haß. Trotz aller Bescheidenheit, der wir

uns immerdar befleißigen sollen, müssen wir es doch einsehen lernen, daß alle Verbindungen zwischen uns und den fremden Nationen, die w i r sicherlich aufrichtig wiederhergestellt wünschen, zur unent- behrlichen Voraussetzung haben die Einsicht und die Anerkennung des unbestreitbaren V o r z u g e s , der unserem V o l k s t u m eigen ist in unserer P h i l o s o p h i e und demgemäß in unserer P o e s i e . Was den deutschen Begriff der Menschheit von der humanité der franzö- sischen Revolution unterscheidet, das besteht in der e t h i s c h e n Be- g r ü n d u n g . D i e M e n s c h h e i t d e s D e u t s c h t u m s a l l e i n r u h t a u f d e m G r u n d e e i n e r E t h i k . Und mit dieser Ethik ist unsere klassische Poesie verwachsen. Der Wahnwitz, der sich in dem Schimpfwort „Barbaren" entlarvt, reißt die Kluft auf, die uns von dieser Mitwelt trennt.

29. An diesem Hauptpunkte sollte nun wiederum jedermann die innere Gemeinschaft zwischen Deutschtum und Judentum fühlen. Denn der Begriff der Menschheit hat seinen Ursprung im M e s s i a n i s - m u s der israelitischen Propheten. Und es dürfte, auch abgesehen von H e r d e r , außer Zweifel stehen, daß der biblische Geist auch im deut- schen Humanismus als tiefste Ursache gewirkt hat. D e r M e s s i a - n i s m u s a b e r i s t d e r G r u n d p f e i l e r d e s J u d e n t u m s ; er ist seine Krone und seine Wurzel. Er bildet das schöpferische Grund- motiv des M o n o t h e i s m u s , das H e r d e r schon hervorhebt: „War Jehova der Einige, der Schöpfer der Welt: s o w a r e r a u c h d e r G o t t a l l e r M e n s c h e n , a l l e r G e s c h l e c h t e r " . [1] Und er ist seine höchste Konsequenz. Freilich war er von Anfang an mit der nationalen Politik, wie mit der nationalen Religiosität verbunden.

Neuerdings hat Graf B a u d i s s i n in einer Berliner Universitäts- rede den tiefen historischen Gedanken geltend gemacht, daß nur der nationale Geist diesen Weltgeist erzeugen konnte. Der nationale Geist und der religiöse stammen aus derselben Wurzel. Die Propheten wollen durch die messianische Zukunft zunächst ihr eigenes Volk ebenso sittlich bessern, wie politisch heilen, bis zur Vernichtung schrecken und wieder aufrichten und erlösen. Und für die Folgezeit blieb so auch das reli- giöse Bewußtsein des Juden immer gebannt in dieser Sonderaufgabe des Messias: daß er von seiner beständigen Folter und Ausstoßung aus der Menschenwelt, von diesen blutigen Verfolgungen und beinahe mehr noch von diesen Beschimpfungen seiner religiösen Ehre, der Ehre seines heiligen Glaubens endlich befreit werde.

Trotz alledem aber konnte dem Juden die weltgeschichtliche Per- spektive des Messianismus niemals ganz verdunkelt werden, weil schon

---

[1] S. W. eb. Suphan Bd. 12, S. 77.

das Gebet sie ihm naherückte und lebendig machte. An den Hauptfesten des Jahres, welche der Versöhnung mit Gott gewidmet sind, bildet die messianische Zuversicht gleichsam den Wegweiser auch für das individuelle Gemüt, das im Bekenntnis seiner Sünde Trost und Erlösung sucht. Das Individuum wird hier emporgehoben zu dem einstigen Bunde der Menschheit: „auf daß alle Wesen insgesamt sich zusammentun zu Einem Bunde". So lautet das Gebet am Neujahr und am Versöhnungstage, die daher ebenso sehr als Versöhnungstage der Völker, wie als die des Individuums gedacht werden.

Und demgemäß haben auch die Religionsphilosophen des Mittelalters bei aller individuellen Nuanzierung dennoch immer den Messianismus als einen Grundgedanken des Judentums festgehalten. Schon der Gaon Saadja tat im 9. Jahrhundert den Ausspruch, der auch im 20. noch nicht überflüssig geworden ist: „Unsere Nation ist Nation nur durch ihre Lehren". Und so ist es auch bedeutsam, daß einer der strengsten Ritualisten des 16. Jahrhunderts, Mose Isserles in Krakau, die Gebetformel des täglichen Hauptgebetes: „er gedenket des Bundes der Väter" folgendermaßen gedeutet hat. Es heißt nicht: des Bundes unserer Väter, damit alle Menschen in diesen Bund Gottes eingeschlossen werden können. Dieser Gedanke wurde in jenen schweren Zeiten der Judenverfolgungen ausgesprochen. So kann es nicht bezweifelt werden, daß der messianische Grundsatz niemals dem jüdischen Bewußtsein verloren ging.

30. Nichtsdestoweniger wird man begreifen, daß in jenen Zeiten des allgemeinen Ghettos dieser prophetische Grundgedanke zwar die Zuversicht des Gebetes stützte, dennoch aber nicht als ein Hauptsatz der jüdischen Religion lebendiges persönliches Eigentum wurde. War er doch eben im Christentum zu einer Anwendung gekommen, die dem Juden das Leben bestritt. Der Messias sollte ja schon gekommen sein und allenfalls nur noch wiederkommen. Die Völker seien ja bereits in dem Glauben an Christus zu dem Glauben an Gott geeinigt. Mendelssohn mußte sich ja eben dieser Zumutung auf die Glaubenseinheit widersetzen. Seine Aufklärung mußte ihm daher den Wahlspruch empfehlen: nur keine Vereinigung der Religionen, dagegen aber Vereinigung in den Vernunftwahrheiten der Sittlichkeit. So allein konnte er zugleich die Vernunftreligion retten, und das Judentum dem Anspruche des Christentums auf Weltreligion gegenüber behaupten.

Es läßt sich daher von dem Judentum dieser ganzen Zeit auch verstehen, daß der Messianismus, als Dogma, gegen die anderen ethischen Ideen des Judentums an Lebendigkeitswert zurücktrat, obwohl das tägliche Schlußgebet Alenu, über das viel Blut geflossen ist, in gewaltigen Worten die Zuversicht verkündete auf die Zeit, da der Götzendienst schwinden wird, und „die Welt gegründet werde auf das Reich des Allmächtigen". Troß alledem und alledem ist es gar sehr zu verstehen, daß der Geschmack an dem Weltreich der Religion den Juden der Aufklärung vergällt wurde.

Und so möchte die sonderbare Tatsache ihre Erklärung finden, daß weder bei M e n d e l s f o h n , noch bei seinem Anhang und seinen Schülern, der Messianismus als Glaubenssaß hervortritt. Auch ein etwas späterer Anhänger dieses Kreises, der als Kantianer vollwertige L a z a r u s B e n d a v i d , hat in der von 3 u n 3 herausgegebenen „Zeitschrift für die Wissenschaft des Judentums" über den Messias geschrieben: aber er läßt in diesem wichtigen Aufsaße nicht merken, daß er die Verwandtschaft der messianischen Idee mit der Menschheit der Kantischen Ethik erkannt hat. Dieser Aufsaß ist von 1822. Fünfzig Jahre vorher, zur Zeit Mendelssohns selbst, war der Messianismus als ethischer Kulturgedanke bei den Juden gar nicht als ein Grundsaß der persönlichen Religiosität lebendig; bisher wenigstens ist er mir als solcher in der Literatur jener Zeit nicht entgegengetreten. Daraus aber ergibt sich eine wichtige Lehre für unser Thema.

31. Mendelssohn steht daher noch auf dem Gedanken seiner Geschichtsphilosophie, daß es in der Welt k e i n e n s t e t i g e n F o r t - s c h r i t t gebe. So läßt sich auch sein Selbstbekenntnis wohl verstehen, daß der Sinn für Geschichte ihm abgehe. So auch läßt sich von hier aus sein Mißfallen an L e s s i n g s Gedanken der E r z i e h u n g verstehen, abgesehen von seinem Widerstreben gegen den Gedanken, daß das Christentum einen Fortschritt bilden sollte gegen das Judentum. So zeigt sich hier eine natürliche, aber bei diesem Glaubensvolke besonders traurige Lücke zu dieser Zeit in ihrem religiös-sittlichen Horizont: ihr eigenster Messias war ihnen als der W e l t m e s s i a s abhanden gekommen. So hatte das Ghetto und die beständige Furcht vor Verfolgung ihren Blick verengt und verdunkelt.

J e ß t a b e r e r s t a n d i h n e n d e r M e s s i a s i m d e u t s c h e n G e i s t e w i e d e r . Der Völkerfrühling, den H e r d e r heraufführte, gab ihnen ihr Eigenstes wieder, den Messias ihrer Propheten in der Humanität der Völker, in der Menschheit der deutschen Ethik.

Die deutsche Predigt hat sich des Gedankens alsdann bemächtigt, und wahrscheinlich ist in W i e s b a d e n durch den jungen A b r a h a m G e i g e r der Grundgedanke seines ganzen Schaffens und Wirkens, das Judentum, als W e l t r e l i g i o n , zuerst wieder verkündigt worden.

Aus diesem Mittelpunkte verstehen wir nun die große Einwirkung, welche der Deutsche Mendelssohn in innerer Verbindung mit dem deutschen Humanismus und der deutschen Ethik auf das deutsche Juden-

tum geübt hat. Und von diesem tiefen Mittelpunkte aus ist es weiter
zu begreifen: daß das deutsche Judentum von zentralem
Einfluß geworden und geblieben ist auf das Judentum aller Länder.

32. Der Einfluß Mendelssohns war an sich ein doppel-
seitiger: seine deutsche Übersetzung des Pentateuch
und der Psalmen war zunächst eine Wirkung auf die allgemeine
Kultur der Juden, die dadurch in die deutsche Sprache und die
deutsche Sprachwelt des Geistes und des Gefühls eingeführt wurden.
Aber auch der religiöse Grundzug dieser deutschen Geisteswelt ist
uns jetzt in seiner Tiefe aufgegangen. So strömt aus den deutschen
Worten der Schrift zugleich deutsche Religiosität in die jüdische hin-
über, und beide erkennen sich in ihrer Verwandtschaft. So gehen
zwei Richtungen von Mendelssohn aus: die Reform
des äußern jüdischen Kultus und die Einbürgerung der Juden in
den deutschen Staat. Diese Einbürgerung selbst wurde ein
selbständiges Ziel dieser deutschen Bewegung, an der alsbald auch
deutsche Christen teilnahmen.

Man kann nicht hoch genug denken, auch von dem religiösen
Werte dieser Hebung des Kultus, vornehmlich durch die Einführung
der deutschen Predigt. Mit der deutschen Predigt drangen alsbald auch deutsche Gebete in die hebräische Liturgie ein, welche den
inneren Zusammenklang von Deutschtum und Judentum befestigten.

33. Aber bei der Predigt verblieb es nicht: einer jener bedeu-
tenden Prediger ist Zunz aus Detmold, der schon bei Böckh in
Berlin studiert hat: er ist der eigentliche Begründer der Wissenschaft des Judentums. Ich will hier nicht von seinen Werken
und wissenschaftlichen Verdiensten reden, sondern nur auf seinen echt
deutschen Stil in allen seinen Schriften und Predigten hinweisen,
dessen er sich übrigens dem späteren Zeitungsstil gegenüber wohl bewußt war. Dieser große deutsche Gelehrte hat zunächst mit Heine,
Eduard Gans und anderen den Kulturverein gegründet und,
unbeirrt von dem Abfall so manches der Genossen, das Panier des
Judentums hochgehalten. In seinem Grundwerke: „Die gottesdienst-
lichen Vorträge der Juden" (1832), hat er in der damals durch den
Zensor verstümmelten Vorrede ausgesprochen: erst mit der Einfügung
der Wissenschaft des Judentums in den gesamten staatlichen Lehr-
körper werden die eigentlichen Mauern des Ghettos fallen. Und so
ist von ihm zugleich mit der Reform des Kultus, in die er bei der
durch Israel Jacobsohns Einrichtung seiner Synagoge in Berlin gefügig sich einstellte, die Wissenschaft als der eigentliche

Grund und das letzte Ziel aller wahrhaften Reform erkannt und ins Werk gesetzt worden.

Viele zum Teil hochbegabte Männer schlossen sich ebenso an ihn an, wie viele nicht minder hochbegabte Männer, die zum Teil aus Polen, wie dies allezeit geschah, nach Deutschland zurückwanderten, sich auch an Mendelssohn zu dem gleichen Doppelzwecke angeschlossen hatten. Damals schon waren deutsche Zeitschriften entstanden, wie der „Sammler" und die „Sulamith", welche letztere wiederum in Dessau erschien, von einem Enkel des Rabbiners Fränkel, der Mendelssohn in Berlin aufgenommen hatte, dem dortigen Gründer und Direktor einer berühmten Schule, herausgegeben wurde. Es würde fordern, die Geschichte der neueren Juden überhaupt zu schreiben, wenn wir im Einzelnen auf diese Einwirkungen Mendelssohns, die zugleich auch solche Kants waren, eingehen wollten. Denn das ist ja das hauptsächliche Kennzeichen dieser Einwirkungen des Deutschtums, daß sie nicht bei dem deutschen Judentum und der deutschen Judenheit isoliert bleiben, sondern daß sie zugleich auf das innere Judentum und auf das gesamte Kulturleben zum mindesten aller abendländischen Juden der modernen Welt sich miterstrecken.

34. Bevor wir näher auf diesen Punkt eingehen, sei auf eine fernere Analogie hingewiesen, in welcher vielleicht die allerinnerlichste sittliche Verwandtschaft zwischen Deutschtum und Judentum sich offenbaren möchte. Der politische Sozialismus war uns als eine Konsequenz des allgemeinen Priestertums nicht entgangen. Er ist ebenso die natürliche Konsequenz des Messianismus. Der deutsche Staat hat nun die Sozialpolitik als seine ethische, gleichsam seine naturrechtliche Aufgabe anerkannt, und, bei aller Differenz in den politischen Mitteln und im geschichtsphilosophischen Ziele, ist dennoch in der sittlichen Tendenz der nationalen Aufgabe dadurch die nationale Eintracht der extremsten politischen Parteien gleichsam prästabiliert.

Daher auch war es nur logische Konsequenz, die Bismarck aus der Idee des deutschen Reiches zu ziehen hatte, daß er das allgemeine Wahlrecht zu einem Grundrechte machte.

Und so schließt sich schon der Krieg um Schleswig-Holstein an den Krieg mit Napoleon an, in welchem Jünger Kants die allgemeine Wehrpflicht zum Grundgesetze der deutschen Wehrverfassung machten. Was nun aber ferner hier die Analogie mit den Juden betrifft, so hat es schon in der friderizianischen Zeit, besonders aber in den Befreiungskriegen nicht an Beweisen des militärischen Patriotismus bei den Juden gefehlt, obwohl ihnen damals die Wehrpflicht noch entzogen war. Um die allgemeine Schulpflicht aber, und zwar in ihrer ganzen Ausdehnung, haben sie allezeit ritterlich gekämpft, und die Geschichte aller Wissenschaften und Künste bezeugt es, welcher redliche Anteil ihnen an der Förderung aller Wissenschaften und Künste zusteht.

Nur ein Punkt bedarf noch der ausdrücklichen Erwähnung, zumal er der Verkennung und Verleumdung ausgesetzt ist. Die Begründung der deutschen Sozialdemokratie dürfte nicht an letzter Stelle als eine Eigenart des deutschen Geistes zu erkennen sein. Sie bewährt sich in unseren Tagen in echter Deutschheit auch für die Prüfungszeit unseres Volkes und unseres Staates. Aber in der Idee ihrer Organisation der „Selbstzwecke", in ihrem Widerstreben gegen allen sektiererischen Anarchismus, in ihrer Hochhaltung des Staatsbegriffes bezeugt sie sich, trotz aller materialistischen Anhängsel, die als fremdes, verderbliches Beiwerk ihrem ethischen Kerne anhaften, die bekämpft und entwurzelt werden müssen, dennoch unbestreitbar als eine deutsche Eigenart: und es ist wiederum ein innerstes Zeugnis für die seelisch sittliche Verwandtschaft von Deutschtum und Judentum, daß Karl Marx mit seinem Blute und Ferdinand Lassalle mit der religiösen Gesinnung seiner Jugend, ihre Spuren in diese Epoche der Geschichte des deutschen Staatswesens eingegraben haben. Für den deutschen Arbeiter, für die Mehrheit des deutschen Volkes ist dadurch der geschichtliche Begriff des Juden von jener Beschimpfung erlöst, durch deren sprungweise Erneuerung auch das Vaterland Lessings auf verhängnisvolle Abwege zeitweilig verlockt wurde.

35. Wir kommen jetzt zur näheren Erörterung der geschichtlichen Tatsache, daß die deutschen Einwirkungen den Juden der ganzen Welt zu Teil geworden sind. Wollten wir diesen Nachweis gründlich führen, so würden wir nicht nur die innere Geschichte des europäischen Judentums durchlaufen müssen, sondern auch neben der inneren religiösen auch die allgemeine politische und Kulturgeschichte der gesamten europäischen Judenheit. Was zunächst nun die religiösen Bewegungen selbst betrifft, so ist es unbezweifelbar, daß sie alle von Mendelssohn ausgehen und weiterhin von den Umformungen, welche die Religiosität der deutschen Juden unter schweren inneren und äußeren Kämpfen zielbewußt durchgeführt hat. Die Wissenschaft des Judentums geht überall auf deutsche Ursprünge zurück. Das gilt für Frankreich, da, abgesehen von der deutschen Einwanderung, die alt-elsässische Bevölkerung das Hauptkontingent des französischen Anteils an der jüdischen Wissenschaft bildet. Nicht minder gilt es von England, so weit dessen Mitwirkung hier

überhaupt in Betracht kommt. Aber selbst in **Italien** hat **Luz-zatto** aus seinem deutschen Ursprung kein Hehl gemacht. Und von **Amerika** ist es weithin bekannt, daß es seine wissenschaftlichen Kräfte, wie seine Rabbiner, in überwiegender Anzahl aus Deutschland und Österreich bezogen hat.

Ein wichtiges Kapitel der modernen Statistik wäre es, wie überhaupt den Anteil der Juden, derer, die treu geblieben sind, wie nicht minder derer, die dem Druck der Verwaltungen und der sozialen Vorurteile sich gefügt haben und vom Judentum abfielen, in allen Zweigen der öffentlichen Kultur zu bestimmen, und insbesondere ferner auch diesen Nachweis zu erstrecken auf die Juden des Auslands, sofern sie von Deutschland herstammen. Besonders für Frankreich würde ein solcher Nachweis große Zahlen liefern. Denn es ist für den deutschen Juden freilich eine betrübende Tatsache, daß viele Gelehrte aller Art, denen hier die Anstellung versagt blieb, dort eine amtliche Aufnahme fanden. In beschränkterer Weise gilt dies ja auch für England und für Amerika. Deutsche Kraft ist mit der großen Zahl dieser deutschen Juden dem Auslande zugeführt worden. In Friedens-zeiten konnte man immerhin darüber eine gemischte Befriedigung empfinden, im Kriege dagegen werden schwierige Komplikationen daraus unvermeidbar, die auch für die Zeit nach dem Kriege düstere Schatten vorauswerfen.

36. Wir ziehen prinzipielle **Folgerungen** aus dieser nicht genug beachteten Tatsache der neueren Geschichte, Folgerungen, welche über den Anlaß dieser Erwägungen hinausgehen, und das **moderne Staatsrecht** überhaupt betreffen. Die Auswanderung und der Eintritt in einen **andern Staat** bilden bisher kein prinzipielles Problem. Zwar gilt es als eine allgemeine Annahme, daß das Land der Heimat Pflichten politischer Pietät auch von dem Auswanderer fordert. Aber der jetzige Krieg hat die traurige Tatsache bloßgestellt, daß die Art und die Grenzen dieser politischen Pietät nicht genau anerkannt sind. Und die Ausweisungen, sogar der **naturalisierten** Staatsbürger, haben die ganze Zerrüttung dieser Grundrechte bloßgestellt. Und wie in feindlichen, so fehlt es auch für die neutralen Staaten an dem interpolitischen Kompaß.

Dieser Kompaß ist im **Naturrecht** für das **Völkerrecht** zu begründen.

Mit der **naturrechtlichen Grundlage für das Völkerrecht**, das für **neutrale** Staaten gilt, scheint daher zugleich eine Lücke in der **naturrechtlichen** Begründung des **Staatsbegriffs** sich zu enthüllen. Für die Juden entsteht nun aber hier eine gesteigerte Schwierigkeit, aus der sich jedoch allgemeine Lösungen

34

ergeben dürften. Ohnehin wirft man ihnen überall Internationalität vor. Dennoch darf keine Rücksicht auf unklare Vorurteile genommen werden, wo prinzipielle Fragen zur Erörterung stehen. Ich glaube nun, was zunächst die Juden in aller Welt betrifft, daß auch dem Juden in Frankreich, in England und in Rußland Pflichten der Pietät gegen Deutschland obliegen; denn es ist das Mutterland seiner Seele, wenn anders seine Religion seine Seele ist.

Freilich bedarf es des feinsten Taktes, durch diese Pietät die übergeordnete Pflicht der Vaterlandsliebe nicht zu verletzen und nicht zu beeinträchtigen. Indessen ist diese Schwierigkeit für die Kriegslage im Grunde in der andern mitenthalten: daß jeder Krieg von jedermann mit der Fernsicht auf den Frieden in innerlicher Humanität geführt werde. Vernichtungskriege der Völker schänden die Humanität. Liegt nun etwa von dieser allgemeinen internationalen Pflicht so gar weitab die Pietätspflicht des Naturalisierten gegen sein Heimatland?

Es ist vielleicht der konkreteste Sinn der Feindesliebe, daß in dem feindlichen Volke immer dessen Anteil nicht nur überhaupt an der Menschheit, sondern an den komplizierten Abzweigungen dieser Idee gewahrt bleibe. Und es ist durchaus kein neuer Anfangsschritt, geschweige ein Sprung, von dieser allgemeinen Pflicht der Humanität zu der Pietät gegen das eigene geistig-seelische und gar das leibliche Mutterland, die demjenigen obliegt, der das Schicksal hat, in einen fremden Staatsverband einzutreten, oder auch in ihn hineingeboren zu werden.

Von diesem Prinzip aus dürften die internationalen Friedensbestrebungen erst einen kernhaften unzweideutigen Ausgangspunkt gewinnen, von dem aus ihnen eine allseitig unbestreitbare Wirksamkeit entstehen könnte. Die Humanität der Heimat kann der Mutterboden einer wahrhaftigen Internationalität zur festen Begründung einer Friedensgesinnung werden.

Indessen haben wir hier sowohl für Deutschland, wie für die Juden zunächst an die Neutralen zu denken und zwar hauptsächlich an Amerika. Die Millionen russischer Juden, die dort neben den Millionen Deutscher Aufnahme fanden, selbst wenn sie dort Bürger geworden sind, haben dennoch die gemeinsame Pflicht, die den Juden ihr Jargon selbst schon kundtut, Deutschland als ihr seelisch-geistiges Mutterland pietätvoll zu achten. In der Sprache, wie sehr sie immer verstümmelt sein mag, nimmt der Mensch die Urkraft der Vernunft auf, die Urkraft des Geistes. Und wenn er nun gar durch die Vermittlung dieser Sprache seine religiösen Gedanken und Umgangsformen vergeistigt und veredelt hat, wie könnte er jemals die innere Treue dem Volke versagen, das eine solche Wiedergeburt in ihm entfacht.

und erwirkt hat? Unter den Enttäuschungen dieser Zeit dürfte keine an Widerwärtigkeit jener gleich kommen, die durch die schamlose Begründung des Anschlusses ihrer Brüder an Rußland, anstatt bloßer stummer Ergebung, von namhaften jüdischen Schriftstellern Frankreichs und Englands erregt worden ist. Zu der Gefühllosigkeit über die Schandtaten Rußlands kommt auch hier noch der Undank gegen Deutschland, dessen Geisteshauch doch wohl den stärksten Kulturtrost diesen Armen das ganze Jahrhundert hindurch gebracht hat. Und nun werden diese gegen ihre indirekten Wohltäter zur Wehr gerufen.

Aber es gehört hierher auch, die Schmähungen des französischen Philosophen bloßzustellen, der mit allen Mitteln der Virtuosität und der Reklame, die leider auch reichlich in Deutschland ihr Glück machte, als ein Originalphilosoph sich aufspielte: er ist der Sohn eines polnischen Juden, der den Jargon sprach. Was mag in der Seele dieses Herrn Bergson vorgehen, wenn er seines Vaters gedenkt und Deutschland die „Ideen" abspricht.

Es entsteht in allen Ländern und bei allen Völkern eine geistige Fäulnis, als notwendige Folge der heuchlerischen Verleugnung des eigenen Seelenursprungs, der eigenen geistigen Herkunft, wenn es nicht zu einem naturrechtlichen Grundsatze des Völkergewissens gestempelt wird, daß die nationale Herkunft für alle Geschlechterfolge ein heiliges Erbteil und eine politische Servitut bildet. Über die Länge dieser Zeitdauer bedarf es keiner gesetzlichen Bestimmungen. Darüber soll in der künftigen Staatengeschichte ein Gewohnheitsrecht sich ausbilden. Nur glaube man nicht, daß die Zugehörigkeit zum Staate überhaupt hiergegen ein Hemmnis bilde, daß die Souveränität des Staates durch diese sie einschränkende Begründung eine Schwächung, und nicht vielmehr eine Sicherung und Befestigung erfahre. Die Beispiele unserer Tage, in denen das alte Asylland England sogar die Naturalisierung seiner eigenen Bürger annulliert, beweisen die prinzipielle Richtigkeit unseres Gedankens. In der Tat begründet der Eintritt und die Aufnahme in einen neuen Staat für beide Teile eine gegenseitige Verpflichtung.

Das Verhältnis dürfte sich allgemeiner noch bestimmen lassen. Der Eintritt in einen fremden Staat ist eine Handlung des freien Willens, und dieser hat überall Kollisionen mit den empirischen Bedingungen der Kausalität zu bestehen. Die Abkunft aber ist eine Naturbedingung, ein Erbteil, das man nicht wählen, daher auch nicht von sich abwälzen kann. Hier muß ein Ausgleich mit der Freiheit der politischen Handlung vereinbart werden.

Die Lage der Juden und ihr Verhältnis zum deutschen Judentum ist daher von grundlegender Bedeutung für die allgemeine Frage der deutschen Abkömmlinge in fremden Staaten. Die naturrechtliche Pietät muß durchaus das moderne Staatsbürgerrecht einschränken und durch diese Einschränkung befestigen. Diese Bedingung der modernen politischen Sittlichkeit stellen die Juden mit besonderer Prägnanz dar. Sie erhalten überall ihre deutsche Muttersprache, und wenn in den letzten Zeiten vielleicht der Hausgebrauch der Familie eine Lockerung erfahren hat, und wenn die deutsche Predigt allmählich auch in Amerika zurückgedrängt worden ist, so leben doch in der Wissenschaft des Judentums die beredten Zeugen der deutschen Provenienz fort, und so hält sich auch die populäre religiöse Bildung im geistigen Zusammenhange mit Deutschland. Ein solcher intimer Zusammenhang ist echter und fester als der prunkvolle, der mit dem Austausch von Professoren versucht worden ist, und der hoffentlich sein Ende mit Schrecken erreicht hat.

Wahrhafte Verständigung unter den Nationen kann nur durch die geheimen Kanäle der historischen Tradition erfolgen; alle Veranstaltung dagegen trägt den Unsegen der, wer weiß, welcher Absichtlichkeit und Bestelltheit an sich. Verbindungen so tiefer Art müssen wachsen, wenn sie gedeihen, wenn sie Naturkraft erlangen wollen. Der deutsche Jude des Auslands hat die Naturkraft einer innerlichen Kolonisation erwiesen. Sie ist die Zugabe seiner allgemeinen messianischen Weltmission, von der wir erkennen wollten, daß sie durch den deutschen Geist befruchtet und beflügelt worden ist.

37. So sind wir in diesen Zeiten eines epochalen Völkerschicksals auch als Juden stolz darauf, Deutsche zu sein, denn wir werden uns der Aufgabe bewußt, die alle unsere Glaubensgenossen auf dem Erdenrunde von der religiösen Bedeutung des Deutschtums, von seiner Einwirkung, von seinem Rechtsanspruch auf die Juden aller Völker, und zwar ebenso für ihre religiöse Entwicklung, wie für ihre gesamte Kulturarbeit, überzeugen soll. So fühlen wir uns als deutsche Juden in dem Bewußtsein einer zentralen Kulturkraft, welche die Völker im Sinne der messianischen Menschheit zu verbinden berufen ist; und wir dürfen den Vorwurf von uns abweisen, als ob es unsere geschichtliche Art wäre, die Völker und die Stämme zu zersetzen. Wenn es wieder einmal zum ernstlichen Bestreben nach internationaler Verständigung und wahrhaft begründetem Völkerfrieden kommen wird, dann wird unser Beispiel als Vorbild dienen dürfen für die Anerkennung der deutschen Vormacht in allen Grundlagen des Geistes- und des Seelenlebens. Und ohne diese bereitwillige Voraussetzung glauben wir nicht an eine zureichende Unterlage für eine aufrichtige Verständigung.

Wir sind auch der beglückenden Zuversicht, daß durch den Heldensieg unseres Vaterlandes der Gott der Gerechtigkeit und der Liebe dem

Barbarenjoch das Ende bereiten werde, welches auf unseren Glaubens-
brüdern im ruſſiſchen Reiche laſtet, deren ganzes politiſches Daſein
allem Recht, aller Staatsvernunft, aller Religion und aller Sittlichkeit, allem menſchlichen Erbarmen und aller Achtung vor edlem Men-
ſchenwert Hohn ſpricht. Wir hoffen auch auf d e n Triumph der deutſchen Waffen, daß er an dieſen Menſchen die Menſchenwürde aufrichtet,
die ſie durch ihr glorreiches Martyrium in ſich behauptet haben.

Und auch für uns ſelbſt erhoffen wir zuvörderſt für u n ſ e r e
R e l i g i o n s g e m e i n d e neben den anderen Kirchengemeinden im
deutſchen Staate die fernere Durchführung unſerer Gleichberechtigung:
daß die widerwillige Geſinnung ſchwinden möge, welche ohne Liebe
und ohne Zutrauen uns Anteil gewinnen läßt an den höchſten und
heiligſten Aufgaben unſeres Staates; daß d i e ſ i t t l i c h - r e l i g i ö ſ e
G l e i c h b e r e c h t i g u n g u n ſ e r e r R e l i g i o n z u r r ü c k h a l t -
l o ſ e n A n e r k e n n u n g g e l a n g e; daß auf dem Grunde dieſer
freien Einſicht, dieſer wahrhaften Aufklärung mit Sympathie und
Verſtändnis die r e l i g i ö ſ e G e m e i n ſ c h a f t erkannt werde, welche
uns mit den chriſtlichen Bekenntniſſen verbindet, und in welcher unſere
Sonderart noch immer die unerſetzliche Grundlage bildet für d i e
e t h i ſ c h e F o r t e n t w i c k l u n g d e s M o n o t h e i s m u s; daß dem-
zufolge der W i ſ ſ e n ſ c h a f t des Judentums die Pforten der Univer-
ſität endlich geöffnet werden, wodurch allein das Intereſſe des Staates
an dem Fortbeſtande und der geiſtig-ſittlichen Fortentwicklung unſerer Religion betätigt wird.

Wir leben in dem Hochgefühl des deutſchen Patriotismus, daß
die Einheit, die zwiſchen Deutſchtum und Judentum die ganze bisherige
Geſchichte des deutſchen Judentums ſich angebahnt hat, nunmehr endlich als eine k u l t u r g e ſ c h i c h t l i c h e W a h r h e i t in der deutſchen
Politik und im deutſchen Volksleben, auch im deutſchen Volks g e f ü h l
aufleuchten werde.

Wie die Bedingungen der nationalen Einmütigkeit das ſoziale
Leben durchdringen werden, über dieſe komplizierte Frage wollen wir
hier keine Einzelforderungen aufſtellen. Aber für die große nationale
Erziehungsanſtalt der Univerſitäten dürfte es unbedingte Verpflichtung gegenüber dem Anſtand und der Wahrung des nationalen Ehr-
gefühls ſein: daß der Ausſchluß der jüdiſchen deutſchen Studenten
von ſtudentiſchen Korporationen und Verbindungen als „gegen die
guten Sitten" verſtoßend, ſchlechterdings verſchwinde. Er widerſpricht
zudem der Achtung, die dem jüdiſchen Profeſſor geſchuldet wird. Wer
mich nicht ſeiner ſozialen akademiſchen Gemeinſchaft würdig hält, ſollte
auch meine Vorleſung meiden und meine Belehrung verſchmähen. Die
Forderung richtet ſich daher ebenſo eindringend an die akademiſchen
Behörden, wie an die Studenten mit ihrer akademiſchen Freiheit.

Wenn mit diefem Kriege die letzten Schatten verfcheucht werden, welche die innere deutfche Einheit verdunkeln, dann wird über alle Schranken der Religionen und der Völker hinweg der weltbür- gerliche Geist der deutfchen Humanität auf der Grund- lage der deutfchen Nationalität, der deutfchen Eigen- art in feiner Wiffenfchaft, feiner Ethik und feiner Reli- gion die anerkannte Wahrheit der Weltgefchichte werden. Wir find uns deffen bewußt, unfere Philofophie und unfere Literatur hat uns den Beweis dafür erbracht, daß Freiheit und Humanität nicht Worte für uns find, deren Sinn wir nicht als den Leitftern unferer Gefchichte dächten.

Wir haben die Macht nur gefucht für unfer nationales Recht, und wir fuchen unfere nationale Macht nicht durch die Vernichtung anderer Nationen, fondern im ehrlichen Wettftreit mit ihnen. Der Haß ift kein ernfthafter Affekt in der deutfchen Seele; wenn die Ent- rüftung ihn aufflackern läßt, fo verfchwindet er ebenfo, wie er ein Eintagsleben in abnormer Zeit gefriftet hat. Wir fühlen uns in der Feftigkeit einer nationalen Gefinnung, die auf einer fittlichen Ge- fundheit und auf einer Aufrichtigkeit beruht, · welche die fittlich- menfchlichen, die fozialen, die politifchen Verhältniffe der deutfchen Religiofität leitet.

Auch für diefe menfchliche Aufrichtigkeit der deutfchen Religiofi- tät find wir deutfche Juden die lebendigen Zeugen. Wir hätten bei der Schärfe der dogmatifchen Gegenfätze, die im deutfchen Volksgemüte noch empfunden werden, nimmermehr in eine folche Gemeinfchaft im Staatsleben und in den Zweigen der Wiffenfchaft aufgenommen werden können, wenn die fittliche Ehrlichkeit nicht am Steuer fäße im Staate und die dogmatifchen Stimmungen in ihre Schranken zurückwiefe. Daher wage ich fogar dem allgemeinen Vorurteil entgegen die Be- hauptung, daß die Gleichberechtigung der Juden in Deutfchland tiefer wurzelt als überall fonft. Überall in der Welt mögen die Juden mehr und höheren Anteil gewinnen an den politifchen Rechten und an den Reffors der Verwaltung: wir deutfche Juden erftreben diefen Anteil auf Grund des uns innerlich zugefprochenen Anteils an der deutfchen Sittlichkeit, an der deutfchen Religiofität. Daher ift unfer Befreiungs- weg fchwerfälliger und fprunghafter, weil er mit den Schwankungen des fozialen Gefühls zufammenhängt; aber er ift gefchichtlich und kulturell tiefer gewurzelt. Daher find unfere deutfchen befchränkten Judenrechte von höherem Werte für den religiöfen Fort- beftand als die fcheinbare abfolute Gleichberechtigung der Juden des Auslands. Am letzten Ende aber kommt es für alle politifche Freiheit auf das religiöfe Lebensrecht an und auf die Er- haltung der religiöfen Eigenart. Wir wollen als Deutfche Juden fein, und als Juden Deutsche. Dieses Ziel unseres Kulturlebens dürfte vielleicht auch eine Eigenart des deutschen Judentums sein.

Von diesem national-religiösen Gesichtspunkte aus erfordert die Aufrichtigkeit endlich auch noch die Aussprache über einen leidigen Punkt. Der Wetteifer der Religionen ist eine natürliche Folge der religiösen Lebendigkeit. Er wird aber in seiner Quelle verfälscht, wenn er durch staatliche Begünstigungen unterstützt wird. So muß die Belohnung des jüdischen Übertritts mit staatlichen Vorrechten zunächst als Schädigung der Religiosität erkannt werden. Das Recht, ja leider die Pflicht des Verdachtes gegen das Motiv des Übertritts schwindet daher erst mit dem Aufhören seiner politischen Belohnung.

Aber nicht vorzugsweise zum Schutze des Judentums fordern wir hier die Abstellung dieses Mißbrauchs, sondern zur Herstellung der Wahrhaftigkeit einer national-religiösen Einheitlichkeit unter den deutschen Religionsgemeinden. Schon die Judenmission ist ein Überbleibsel der mittelalterlichen Bekehrung; sie mag der englischen Hauptanstalt überlassen bleiben. Die Religion macht uns in Deutschland wahrlich ganz andere Sorgen. Man soll froh sein, daß es noch Leute im Lande gibt, die an Gott glauben, und bei denen das deutsche Lied nicht als Spott gilt: „wer nur den lieben Gott läßt walten", wie neuerdings ein solcher Übermut sich bei einem Volkserzieher hervorgewagt hat. Man sollte vielmehr von der Grundeinsicht sich leiten lassen, die kürzlich von Wilhelm Herrmann ausgesprochen wurde: „Wie das evangelische Christentum den Zusammenhang mit dem alten Testament verliert, so wird es sich dessen schwer erwehren können, daß die Religion in dem Naturrausch der Mystik gesucht wird."

Der Monotheismus des Judentums ist das unerschütterliche Bollwerk für alle Zukunft der sittlichen Kultur. Und es zeugt nur von Mangel an religiösem Verstand, wenn man jemals für das Christentum selbst des Judentums entbehren zu können vermeint.

Auf diese kulturgeschichtliche Einsicht gründet sich unsere Forderung: daß der Übertritt im neuen Deutschland als ein Symptom mangelhafter geistiger und sittlicher Klarheit verschwinden möge, und daß an dem Fortbestande der jüdischen Treue nicht mehr der Verdacht des Makels einer für die nationale Gesinnung zweideutigen Zurückziehung und Isolierung anhafte.

38. Trotz dieser vielseitig wichtigen Bedeutung ist dennoch das Judentum hier nur ein engeres Beispiel, das auf die allgemeine Aufgabe hinweisen soll. Ob dieser Krieg notwendig war, ob Kriege überhaupt notwendig sind — wir enthalten uns hier über diese Frage des geschichtlichen und des geschichtsphilosophischen Urteils. Die Frage

der Ursachen ist die Aufgabe der Wissenschaften, der der Geschichte und derer von Staat und Wirtschaft; Aufgabe der Philosophie der Geschichte ist allein die Zweckfrage, also die Theodizee der Weltgeschichte. Was ist aus der Tatsache der Kriege und so auch aus der dieses Krieges für die Bestimmung des Menschengeschlechts und innerhalb dieses für die Bestimmung des Deutschtums zu lernen, um den sittlichen Zweck des Deutschtums zu erhellen und zu erfüllen?

In dieser teleologischen Methodik suchen wir den Zweck dieses Krieges für unser nationales Dasein zu erforschen. Und wie wir die Zwecke der Menschen im letzten und höchsten Sinne nur als Ziele Gottes verstehen und deuten können, so erhoffen wir zunächst aus der nationalen Wiedergeburt, die dieser Krieg bringen muß, die soziale Verjüngung unseres gesamten Volkes.

Und für diese phantasieren wir nicht über die Unterschiede von arm und reich, noch berechnen wir die Zeit, in der sie aufhören werden. Aber gleichwie wir auch nicht fragen, wann die Unterschiede von gut und böse aufhören werden, suchen wir doch allen Anstalten der Kultur die Richtung auf das Verschwinden oder wenigstens auf die Minderung dieser Gegensätze aufzuprägen. So auch fordern wir denn in derselben Gesinnung für beide Arten von Kulturdifferenzen: daß die Pflanzstätten der nationalen Bildung, die wir zugleich als die der nationalen Gesittung pflegen, in weitester Ausdehnung dem gesamten Volke ohne soziale Einschränkungen freigestellt werden.

39. Die Ich-Philosophie Fichtes ist ein theoretischer Rückschritt gegen Kant. Es ist eitle Oberflächlichkeit, dies zu beschönigen oder zu verschweigen. Es ist entweder platte Unwissenheit, oder das zeitgenössische Grundgebrechen der Mißachtung der Philosophie bei den Universitätsgelehrten, wenn man darüber hinweggeht, als wäre es zumal gegenüber dem patriotischen Verdienste eine untergeordnete Sache: als wäre die Philosophie an sich nicht auch eine nationale Sache. Dahingegen aber soll man mit wahrhafter Dankbarkeit als Fortschritt Fichtes erkennen: daß er den in Kants Ethik latenten Sozialismus zur ausdrücklichen Entfaltung gebracht hat. Das soziale Ich hat er als das nationale Ich entdeckt, und im nationalen Ich sucht und findet er die überempirische Begründung des Ich. Diese neue Verwirklichung des Ich, über die ethische Abstraktion der Menschheit hinaus, in der nationalen Konkretheit, sie ist der persönliche Lebensgrund seines Idealismus, der ihm deshalb als eine neue Wahrheit erscheinen konnte. Das nationale Ich seiner Deutschheit ist die wahrhaftige ethisch-soziale Realisierung des Idealismus der Menschheit.

41

So bildet Fichte in der Tat einen Höhepunkt der deutschen Philosophie. Aber wenn wir seine nationale Begeisterung von dem Schein des Eigendünkels befreien dürfen, so dürfen wir uns den Aufgaben nicht entziehen, welche mit diesem seinem Begriffe des deutschen Geistes für alle Zukunft verknüpft sind. Die Wehrverfassung hat uns gleich gemacht als Kämpfer für das Vaterland. Das Wahlrecht hat die deutschen Staatsbürger gleichgemacht als Willensträger des deutschen Staatswillens. Die allgemeine Schulpflicht endlich hatte uns den Weg gewiesen und die Tür geöffnet zur Gleichheit der Bildung und der Gesittung. Aber diese Tür führt in ein weites und hohes Haus mit vielen Stufengängen. Hier muß der Einlaß zu allen Stockwerken für alle Glieder des Volkes erst freigemacht werden. Der soziale Klassenbegriff der Volksschule muß verschwinden. Die Universität muß die wahrhafte Volksschule werden. Und alle höheren Bildungsstätten müssen dem niederen Volke zugänglich werden. Nur durch diese nationale Pädagogik kann soziale Gerechtigkeit und wahrhaftige nationale Einheit begründet und befestigt werden. Nur auf dieser Grundlage kann auch in den Zeiten des Friedens, die doch immer die Zeiten innerer Kämpfe sein müssen, diejenige Einheitlichkeit des Nationalbewußtseins unerschüttert bleiben, welche den natürlichen, lebendigen Kern des nationalen Gefühls bildet. Jeder deutsche Mensch muß seinen Schiller und seinen Goethe bis zur Innigkeit der Liebe kennen, und in Geist und Herz tragen. Diese Innigkeit aber hat zur Voraussetzung, daß er auch von seinem Kant eine volkswissenschaftliche Einsicht und Erkenntnis gewonnen hat.

40. Erst wenn unser Nationalbewußtsein zu dieser Klarheit und Aufrichtigkeit gekommen sein wird, erst dann können wir hoffen, in unserer geschichtlichen Auserwähltheit, und trotz ihrer, das Verständnis, die Anerkennung und die Dankbarkeit der Kulturvölker zu gewinnen. Freilich haben wir allen Grund, schon heute über das mangelhafte Verständnis und über den Undank der Völker uns zu verwundern. Indessen müssen wir doch auch bedenken, welche innerlichen Differenzen und Gegensätze in unserem gesamten nationalen Schaffen und Wirken obwalten. Wir haben ja nicht allein Kant und Goethe hervorgebracht, sondern auch Schopenhauer und Nietzsche. Und die Ehrlichkeit, aber nicht allein sie, fordert selbst in der Zeit des Burgfriedens mein persönliches Bekenntnis: nicht allein Mozart und Bach und Beethoven, sondern auch Wagner. Es ist nicht wahr, daß ich mit diesem Gefühlsurteil allein stände. Man wird es allgemach einsehen müssen, daß diese Namen durch die Grundbegriffe der deutschen Ästhetik geschieden sind. Aber der Beweis dieser Diffe-

42

renz ift ebenfo fchwer, wie die Unterfcheidung der Grenzen von Genie und Talent, von Reinheit, als dem Stempel der Originalität, und Eklektizismus, der meiftens den Reiz der Neuheit hat.

Und endlich, was haben wir nicht alles in diefen Jahrzehnten vom Ausland uns feilbieten laffen, und haben es wie eigenes Gut an uns genommen und fcheinbar lieb gewonnen. Ich will gar nicht von den mancherlei ausländifchen Produkten der dichterifchen Phantafie und virtuofen Geftaltungskraft reden, die aber der Eindeutigkeit, Klarheit und Sicherheit einer fittlichen Überzeugung, als der unerfetzlichen Grundlage wahrer Kunft, ermangeln, die ihr fittliches Gebrechen in Selbftironifierung und Skeptizismus verraten, und die man dennoch, wie den Bühnenkünftler Jbfen auf deutfchen Kathedern in einem Atem mit unferen Größen zu nennen pflegte. —

Indeffen erfordert nicht nur die aktuelle politifche Not, fondern das Verhältnis unferer Zukunft zu Rußlands Imperalismus vor allem die Nennung des vielleicht gewaltigften ruffifchen Poeten Doftojewsky, der die ganze Gefahr des byzantinifchen Chriftentums und des Fanatismus jener orientalifchen Myftik in fich enthält, mit feiner Kraft fie entfaltend und verhüllend. Erft wenn wir alle diefe falfchen Literaturgrößen der Ausländerei in ihrer Differenz von uns erkannt und überwunden haben werden, erft dann wird unfer Sieg allmählich ein vollftändiger werden.

Und erft dann werden auch die Vorurteile fchwinden, mit denen die fremden Völker gegen unferen Nationalgeift behaftet find. Erft dann wird die fittliche Reinheit und die geiftige Einheitlichkeit unverkennbar werden, welche die Grundbedingungen und Vorausfetzungen äfthetifcher und überhaupt geiftiger fchöpferifcher Klaffizität find. Diefe Klaffizität, oder auch nur das würdevolle Streben nach ihr, ift das Wahrzeichen, daher aber auch die bleibende Aufgabe unferes Nationalgeiftes. Im Streben nach Klaffizität bezeugt fich das Streben nach Selbftvollendung. Und diefer Pflicht zur Selbftvollendung wegen müffen wir der Fremde gegenüber Vorficht beobachten — wahrlich nicht um fie, als Fremde, uns fernzuhalten, fondern nur, um uns von ihren Produktionen nicht beirren und von unferer nationalen Entwicklung abwendig machen zu laffen. Indeffen erfordert unfere deutfche Selbftentwicklung, wie unfere ganze Gefchichte lehrt, die genaue Bekanntfchaft mit allem Edlen der fremdländifchen Geifter und daher das Maß von Sympathie, durch das jede geiftige Bekanntfchaft bedingt ift. Undeutfch bleibe es allezeit, das Große, das Echte und Wahrhafte in aller fremdländifchen Kunft und Wiffenfchaft von uns abzuftoßen, fernzuhalten, unferem Mitgefühl zu entziehen, anftatt es vielmehr zu durchdringen und in uns aufzufaugen. Das Echte anderer Nationen wird niemals unferen Nationalgeift vergiften, sondern vielmehr ihn menschheitlich erweitern und erhöhen. Dante und Shakespeare bleiben unsere eigenen Penaten. Nur das Falsche mit seinem gleißenden Schein, dem die Würde des Strebens nach Vollendung fehlt, soll uns fernerhin mit seinen Momentreizen nicht berücken und nicht durch Nachahmung eines uns fremden Geistes zur Verfälschung unserer eigenen Kraft verleiten.

Die Menschheit ist der ethische Leitstern für die Entwicklung aller Nationen, wie aller sittlichen Individuen. Und insofern alle Völker an dem Idealgut der Menschheit unverlierbaren Anteil haben, bleibe es deutsche Art, in allen Nationalgeistern den Geist der Menschheit zu ehren, zu erforschen und zu lieben. Der Geist der Menschheit war immerdar in allen Höhenphasen unserer nationalen Entwicklung unser Vorbild. Der Geist der Menschheit ist der Urgeist unserer Ethik. In dieser ethischen Bestimmtheit ist der deutsche Geist der Geist des Weltbürgertums und der Humanität unseres klassischen Zeitalters. Es ist eine historische Irrlehre, daß wir das 18. Jahrhundert antiquiert hätten oder es abgetan haben wollten. Unsere Klassiker, die Philosophen wie die Dichter, Leibniz wie Schiller, waren echte nationale Deutsche.

41. Wenn nun jetzt gesagt wird, die alte Humanität sei durch den Geist der Macht verdrängt worden, so liegt diesem Irrtum im letzten Grunde das allgemeine Mißverständnis von dem Verhältnis zwischen Idealismus und Realismus zu Grunde. Das Bewußtsein der Macht, das den deutschen Staat hervorgebracht hat, ist keineswegs eine Kraftquelle des Instinktes nach Weltherrschaft und Unterdrückung, sondern die Macht soll uns als das Aufgebot der Pflicht für die Aufgabe der nationalen Entwicklung gelten. In diesem großen Kriege durchdringt jeden Deutschen das heilige Bewußtsein nationalen Rechtes und weltgeschichtlicher Gerechtigkeit, weil wir mit erhabener Energie zu der Erkenntnis erweckt wurden: daß wir über unsere Fähigkeit zur Erweiterung, und das will sagen, zur Befestigung und Sicherstellung unseres Fortbestands und unserer Entwicklung die Probe zu bestehen haben. Für uns gibt es keinen Widerspruch, auch keinen Gegensatz zwischen Macht und Recht; wie es denn für die geschichtliche Einsicht überhaupt keinen Gegensatz gibt zwischen der politischen Existenz und aller geistigen, literarischen Erscheinung des nationalen Daseins. Was für den Geist des Individuums der Organismus ist, dasselbe bedeutet für den Staat der Völker die Macht. Aber wie der Organismus des Individuums die Menschheit nicht hemmen darf, so auch muß es mit der Macht der Einzelstaaten sich verhalten. Der Staat ist ebenso der Gipfelpunkt der Nation, wie der Menschheit. Die Staatsidee gipfelt im Staatenbunde.

42. Der Begriff des Staates, und zwar nicht nur der naturrechtliche, sondern auch der positive, geschichtliche Begriff des Staates, enthält in sich die Forderung des Staatenbundes. Diese politische Einsicht hat dieser Krieg nicht allein unseren Nationalisten beigebracht, sondern auch die Sozialisten mit ihr überrascht. Der internationale Sozialismus scheint eine Utopie geworden zu sein. Indessen ist er dies nur nach der bisherigen begrifflich mangelhaften Auffassung. Es hat sich nur herausgestellt, daß der Sozialismus nicht die letzte und entscheidende Lösung im Völkerkampfe der Geschichte bildet, sondern daß er selbst ebensosehr der Omnipotenz des Staates und der Fiktion von seiner Beharrung bedarf, wie dieser hinwiederum durch die Idee der Gesellschaft stets vor Erstarrung, vor seinem toten Punkte geschützt werden muß. Der Sozialismus für sich allein aber, den einzelnen Völkern überlassen, hat sich als unzulänglich erwiesen, das isolierte Staatsgefühl der einzelnen Völker, und nicht minder ihrer Sozialisten, zu durchbrechen. Erst wenn die Staatsidee im Staatenbunde zu ihrer Ausreifung gelangt, kann daher auch der Sozialismus Einheitlichkeit und Freiheit für die Entwicklung seines Prinzips gewinnen. Ohne die Machtidee des Staates aber bleibt der Sozialismus eine stumpfe Waffe, weil er ohne sie eine halbe Wahrheit bleibt; sein Begriff ist an den Begriff des Staates gebunden, und daher ist auch der internationale Sozialismus, wie alle Hebel des Völkerrechts, durch den Begriff des Staatenbundes bedingt. Der Sozialismus ist ja im letzten Grunde selbst nur ein Prinzip des Völkerrechts. Und damit ist wahrlich nicht etwa gesagt, daß er dem positiven Rechte und dem Staatsrechte gegenüber das Mädchen aus der Fremde wäre; denn Staatsrecht und Völkerrecht gehören begrifflich zusammen. Es kann daher kein Zweifel dagegen aufkommen, daß das Völkerrecht nach wie vor zu Recht besteht, wenngleich es, wie nicht minder auch das positive Recht, jeweils verletzt wird: der Sinn des Völkerrechts steht allezeit mit dem wirklichen Rechte und seinem „Flußbett des Verkehrs" in lebendigem Zusammenhang.

Diese Einsicht, von der Vollendung der Idee des Staates in der des Staatenbundes muß zum Prinzip der Geschichtsphilosophie werden. Und der jetzige Krieg mit seinen erweiterten, gelösten und anzustrebenden Bündnissen, deren Kausalnexus er darlegt, ist auch für diese nationale Orientierung von erziehlichem Werte.

Das Deutschtum muß zum Mittelpunkte eines Staatenbundes werden, der den Frieden der Welt begründen und in ihm die wahrhafte Begründung einer Kulturwelt stiften wird. Der gerechte Krieg ist die Vorbereitung des ewigen Friedens.

43. Worin unterscheiden wir uns heute von der Stimmung Kants bei seinem Traktat vom ewigen Frieden? Wir wissen jetzt, daß die stehenden Heere nicht der eigentliche Grund der beständigen Kriege sind, sondern daß sie als die Schutzorgane des Wettkampfs der Völker in Industrie und Handel, in den Expansionserscheinungen des Kapitalismus fungieren. Das Feldgeschrei gegen den Militarismus verrät in seiner Verlogenheit deutlich den zu verheimlichenden Herd des beständigen, meist nur latenten Völkerkrieges. Wie nun aber die Idee des Staates immerfort gegen den Materialismus der Wirtschaft zu kämpfen hat, um ihm nicht ebenso, wie das Recht, in Opportunismus sich anzupassen, sich zu unterwerfen und der ethischen Leitaufgabe verlustig zu gehen, die ihr obliegt, so bildet sich auch eine engere Antinomie zwischen Staat und Militarismus, sofern der letztere, unter dem Schein, die Oberhoheit des Staates zu schützen, den drängenden Mächten und den vielseitigen Interessen der in der Wirtschaft wurzelnden Stände untertan wird.

Wenn nun der Staatenbund den Einzelstaat aus dieser nationalen Zweideutigkeit seiner Sonderinteressen befreien soll, so wiederholt sich hier derselbe Zirkelschluß, wie beim internationalen Sozialismus, und es bleibt daher kein anderer Ausweg übrig, als: daß der erste Schritt von den einzelnen Staaten selbst getan werden müsse, und daß der Staatenbund nur die Staatsidee in ihrer Vollendung zu bedeuten und den Einzelstaaten als ihr eigenes Ziel vorzuhalten habe. Und das Ziel der Aufgabe ist keineswegs etwa gleich zu setzen dem Ende der Selbstvernichtung. Das Problem reduziert sich daher auf dieselbe Antinomie, die der Einzelstaat den Kräften der Wirtschaft und Gesellschaft gegenüber zu bestehen hat, und die er nur schlichten kann durch den ethischen Ausbau seiner Sozialpolitik. Und das ethische Leitmotiv bildet hier auch für den Einzelstaat die Idee des Staatenbundes, sofern dieser wiederum die sozialethische Gliederung der einzelnen Völker in ihren Staaten zu ihrer Voraussetzung hat. Wenn wir an einem Beispiel das Problem verdeutlichen dürfen, so liegt vielleicht die letzte Lösung für das Rätsel, das England mit der Anreizung zu diesem Kriege bietet, in seiner sozial-ethischen Differenz von dem Volksheere und allen den Konsequenzen, die die Sozialpolitik des deutschen Staates ermöglicht und als sein logisch-ethisches Ziel anstrebt.

Der Einzelstaat darf also nicht etwa nur zu seinem Schutze, sondern auch zur Wahrung der Idee des Staatenbundes auf sein Heer nicht verzichten, wenn anders auch der Staatenbund, wie alle Rechtsverfassung, die Macht zu seinem Selbstschutze voraussetzt. Es bleibt daher doch der einzelne Staat mit seinem Heere, und kraft desselben, für die richtige kaufale, wie nicht minder auch für die teleologische Betrachtung der Völkergeschichte die ursprüngliche Kraft, von der die Löfung der ethischen Aufgabe der Menschheit ausgehen und anheben muß. Nur das Ziel der Staatsaufgabe liegt fo ficher im Staatenbunde, als die Staatsidee überhaupt erst durch ihn in fich vollendet wird.

44. So erklärt fich nun auch, was fonft als Anomalie oder als ein innerer Widerspruch des Prinzips erscheinen müßte: der Zerfall zwischen Sozialismus und Internationalismus. Diefe Tatsache ift die Konfequenz davon, daß beide Begriffe nicht vollftändig bisher ausgedacht find.

Es muß erkannt werden, daß der Sozialismus fich nur als Sozialismus des Staates entwickeln und erhalten kann; fo hat Laffalle ihn gedacht. Ebenfo kann auch der Internationalismus fich nicht als der der Völker oder gar einzelner Berufskreife derfelben, feien es nun die Arbeiter oder die Intellektuellen, bewähren, fondern auch er fetzt die einzelnen Staaten als feine eigentlichen Subjekte voraus, und er kann fich daher nur auf Grund der Einzelftaaten und ihrer Vermittlung und Selbftvollendung im Staatenbund zur Durchführung bringen.

Wenn nun der Staatenbund den ewigen Frieden bringen foll, fo darf er der Macht nicht ermangeln, wenn anders er diefen Frieden als ein Recht foll verwalten können. Und fo zeigt fich auch von diefem Abfchluß aus, daß nicht das ftehende Heer den Widerspruch gegen den ewigen Frieden bildet, fondern daß diefer in dem Widerspruch zwischen dem Begriffe des Staats und dem der Gefellschaft in deren Bedeutung als Wirtschaft liegt. Der Materialismus der Wirtschaft fchrickt vor keinem Rechtsfrevel zurück, um für die Einseitigkeit feiner Ziele die Gewalt der Macht zu erringen. Die Trufts müffen im Frieden den Staat fo weit korrumpieren, daß er für den Fall eines Krieges das Völkerrecht, die Idee des Staatenbundes zu verletzen, gezwungen wird.

Aus diefem Gefichtspunkte wird das Feldgefchrei gegen den Militarismus ganz verftändlich. Er foll als das Schreckbild alles Zwanges, alles politischen, alles fozialen Druckes gedacht werden, damit man nur ja nicht die tieferen Gründe, die gewaltigeren Zwingkräfte des menschlichen und des Völkerlebens, über die der Kapitalismus mit feinen Auswüchfen verfügt, erkennen lerne. Immer deutlicher ahnen wir, welche Logik diefen Krieg heraufbeschworen hat: immer deutlicher dürfen wir aber auch die rechte ethische Offenbarung von ihm erhoffen. Die Sozialpolitik des Einzelftaates, und nur fie, muß im Hinblick auf feine eigene Idee, die den Staatenbund for-

47

dert, den ewigen Frieden vorbereiten. Er ist die Quintessenz seiner politischen Aufgaben, aber nur er selbst, und zwar mittels seiner Macht, kann die Lösung dieser Aufgabe in Angriff nehmen.

45. So sehen wir in diesem fernsten Punkte am Horizont der geschichtlichen Welt wiederum Deutschtum und Judentum innerlichst verbunden. Denn der Leitstern des ewigen Friedens ist d i e m e s - s i a n i s c h e J d e e d e s i s r a e l i t i s c h e n P r o p h e t i s m u s , des Schwerpunktes der jüdischen Religion. In der Hoffnung auf das messianische Zeitalter haben die Propheten die H o f f n u n g zum Grundaffekt der Politik, der Geschichte und der Religion gemacht. Was sonst G l a u b e genannt wird, das nennen sie Hoffnung. Diese Abkehr von der gegebenen Sinnlichkeit, diese Hinausführung der Gegenwart auf die Zukunft, diese Befreiung von der beherrschenden Allgewalt der Wirklichkeit ist ihr Idealismus, der daher an Umfang und Aus- dehnung nicht nachstehen dürfte dem Idealismus, den die Philosophie am S e i n vollzieht. Denn mit der Menschenwelt ziehen die Propheten auch alles Sein der Natur in den Bereich dieser Hoffnung, dieser Zukunft.

Nur wenn man sie fragen würde: welche Rechenschaft gebt Jhr euch von diesem euerm Glauben an die Zukunft der Menschheit? so antworten sie einfältig, „den Griechen eine Torheit": der einzige Gott, der Schöpfer der Erde und der Menschengeschlechter, er hat seinen heiligen Geist in den Menschen gepflanzt, und dieser Geist der Heilig- keit enthält die Bürgschaft in sich, daß das Menschengeschlecht für ein Leben der sittlichen Ewigkeit geboren wird. Das Ziel Gottes verbürgt das Ziel der Menschheit. Eine andere Rechenschaft können sie nicht geben; es gibt für sie keine bessere, als welche in dem ewigen unerschöpf- lichen Gedanken des Einzigen Gottes für die Menschheit erdacht ist.

Die deutsche Ethik hat eine theoretisch zulänglichere Begründung für diesen Glauben erdacht, jene Bürgschaft hat auch sie erneuert. Und wie die deutsche Ethik, so will auch die Frömmigkeit unseres Volkes keine andere feste Burg besitzen.

Die Zukunft der deutschen Gesittung beruht auf der Kraft des Volksgeistes, allen Zaubern der Mystik zu widerstehen, nicht minder aber auch den pantheistischen Illusionen des Monismus: Natur und Sittlichkeit, „den bestirnten Himmel über mir und das moralische Gesetz in mir", in ihrem Erkenntnisunterschiede zu begreifen, und ihre Der- einigung nur anzustreben in dem Gedanken des Einzigen Gottes.